DICCIONARIO DE LAS VERDURAS

(ESPAÑOL-INGLÉS)

Este diccionario contiene un listado en español y su traducción al inglés de más de 1.000 términos con los nombres de las principales verduras o alimentos de origen vegetal, que incluyen las hortalizas, las legumbres, los tubérculos, las algas y las setas. Además, se proporciona vocabulario diverso que está relacionado con dichos productos y las formas más usuales de cocinarlos.

DICTIONARY OF VEGETABLES

(ENGLISH-SPANISH)

This dictionary offers a complete list in English and its translation into Spanish of more than 1,000 terms with the names of the most common vegetables, including green vegetables, legumes, tubers, seaweeds and mushrooms. It also provides miscellaneous vocabulary that is related to these products and the most usual ways of cooking them.

PARTE I: ESPAÑOL-INGLÉS

A

Acedera	Sorrel
Acelga	Swiss chard (chard, silver beet)
Acelga china (bok choi, pak choi, col china)	Chinese chard (bok choi, pak choi)
Acelga roja	Red Swiss chard
Acelgas con bechamel	Swiss chard with béchamel sauce
Acelgas con garbanzos	Swiss chard with chickpeas
Acelgas con pasas y piñones	Swiss chard with raisins and pine nuts
Acelgas de colores	Rainbow chard
Acelgas hervidas	Boiled Swiss chard
Acelgas salteadas	Sautéed Swiss chard
Achicoria (chicoria)	Chicory
Achicoria amarga (achicoria silvestre)	Wild chicory
Achicoria roja (radicchio)	Red chicory (radicchio)
Agricultura	Agriculture (farming)
Agricultura de subsistencia	Subsistence agriculture
Agricultura ecológica	Organic agriculture (organic farming)
Aguaturma (tupinambo, pataca)	Jerusalem artichoke (topinambour)
Ajete	Green garlic (wild leek)
Ají (pimiento muy picante)	Chili
Ajipuerro (puerro silvestre)	Wild leek
Ajo	Garlic
Ajo blanco	White garlic
Ajo dulce	Sweet garlic
Ajo elefante (ajo chilote)	Elephant garlic (great-headed garlic)
Ajo fresco	Fresh garlic

Ajo laminado	Sliced garlic
Ajo machacado	Crushed garlic
Ajo molido	Ground garlic
Ajo morado	Purple garlic
Ajo negro	Black garlic
Ajo rosa (ajo rosado)	Pink garlic
Ajo rosa de Lautrec	Lautrec pink garlic
Ajo seco	Dried garlic
Ajo silvestre	Wild garlic
Ajos confitados	Garlic confit
Ajos fritos	Roasted garlic
Ajos tiernos (ajetes)	Young garlic (green garlic, garlic shoots)
Alcachofa (alcaucil)	Artichoke
Alcachofa china (alcachofa betónica, crosne)	Chinese artichoke (artichoke betony, crosne)
Alcachofa de Jerusalén (tupinambo)	Jerusalem artichoke (topinambour)
Alcachofas a la brasa	Charcoal-broiled artichokes
Alcachofas a la vinagreta	Artichokes with vinaigrette sauce
Alcachofas asadas al horno	Oven-roasted artichokes
Alcachofas con almejas	Artichokes with clams
Alcachofas con jamón	Artichokes with ham
Alcachofas confitadas	Artichoke confit
Alcachofas crujientes	Crispy artichokes
Alcachofas fritas	Fried artichokes
Alcachofas rebozadas	Battered artichokes
Alcachofas rellenas	Stuffed artichokes
Alcachofas rellenas de gambas	Artichokes stuffed with prawns
Alcachofas rellenas de queso	Artichokes stuffed with cheese
Alcaucil (alcachofa)	Artichoke
Alficoz (pepino fino)	Armenian cucumber
Alga	Seaweed (alga)
Alga chlorella (clorela)	Chlorella seaweed
Alga codium (ramallo de mar)	Codium seaweed

Alga de lago	Lake seaweed
Alga dulse (dillisk)	Dulse (dillisk)
Alga kombu	Kombu seaweed
Alga nori	Nori seaweed
Alga wakame	Wakame seaweed
Algas asadas	Roasted seaweed
Algas comestibles	Edible seaweed
Algas marinas	Seaweed (algae)
Algas marinas pardas	Brown seaweed
Algas rojas	Red algae
Alguicultura (cultivo de algas)	Algaculture
Alimentación cruda	Raw food
Almidón de arrurruz	Arrrowroot starch
Almidón de patata	Potato starch
Alubia (judía blanca, judía seca, pocha)	White bean (haricot bean)
Alubia carilla (alubia "black-eyed")	Black-eyed bean (black-eyed pea)
Alubia negra	Black bean
Alubia roja (judía pinta)	Red bean (red kidney bean)
Alubias cocidas	Cooked beans
Alubias con tomate al estilo inglés	Baked beans
Alubias del Ganxet	Ganxet white beans
Alubias en remojo	Soaked beans
Alubias estofadas	Stewed white beans
Alubias negras de Tolosa	Tolosa black beans
Alubias rojas con almejas	Red beans with clams
Alubias rojas de Tolosa	Tolosa red beans
Alubias salteadas	Sautéed white beans
Alubias verdinas (habinas verdinas)	Small green verdina beans
Amanita de los césares (huevo de rey)	Amanita caesarea (Caesar's mushroom)
Angula de monte	Yellow foot chanterelle
Apio	Celery
Apio en rama	Celery stalks
Apio estofado	Braised celery

Apio relleno — Stuffed celery

Apio-nabo (apionabo, raíz de apio) — Celeriac (celery root)

Arame (alga arame) — Arame (sea oak)

Argenteuil (plato que lleva espárragos) — Argenteuil (dish with asparagus)

Arracacha (apio criollo, virraca, zanahoria blanca) — Arracacha (creole celery, virraca, white carrot)

Arroz de coliflor — Cauliflower rice

Arrurruz (arrowroot) — Arrowroot

Arvejas (guisantes) — Peas (green peas)

Arvejas dulces (arvejillas, guisantes de olor) — Sweet peas

Asparges (patatas ratte) — Asparges (ratte potatoes)

Ayote (calabaza) — Pumpkin

Azúcar de remolacha — Beet sugar

Azuki (soja roja) — Adzuki bean (red mung bean)

B

Baba ganush (puré de berenjena con tahina)	Baba ghanoush (aubergine purée with tahini)
Bastoncitos de apio	Celery sticks
Bastoncitos de zanahoria	Carrot sticks
Batata (boniato)	Sweet potato
Batido de hummus	Hummus shake
Berenjena	Aubergine (eggplant)
Berenjena africana (berenjena escarlata, tomate amargo)	African eggplant (scarlet eggplant, bitter tomato)
Berenjena blanca	White aubergine
Berenjena larga púrpura (long purple)	Long purple eggplant
Berenjena Mitoyo	Mitoyo eggplant
Berenjena púrpura	Purple aubergine
Berenjenas al horno	Baked aubergines
Berenjenas con mozzarella	Aubergines with mozzarella
Berenjenas fritas	Fried aubergines
Berenjenas gratinadas	Gratinated aubergines
Berenjenas rebozadas	Battered aubergines
Berenjenas rellenas	Stuffed aubergines
Berenjenas rellenas de carne	Aubergines stuffed with meat
Berro	Watercress (cress)
Berro de jardín	Garden cress
Berros guisados	Stewed watercress
Berza (col)	Collard (cabbage)
Betabel (remolacha)	Red beet (beetroot)
Betarraga (remolacha)	Beet (beetroot)
Bimi (híbrido de brócoli i col Kai-lan)	Tenderstem (broccolini)
Bol de Buda (Buddha bowl)	Buddha bowl

Boletus (boletus edulis, hongo)	Boletus edulis (cèpe, porcini, penny bun)
Bomba (bola de patata rellena de carne picada)	Bomb (potato ball stuffed with minced meat)
Bombas de patata	Potato bombs
Boniato (batata, moniato)	Sweet potato (Spanish potato)
Boniato morado	Purple sweet potato
Borraja	Borage
Borrajas con almejas	Borages with clams
Borrajas con miel	Borages with honey
Borsch (sopa de remolacha)	Borscht (beetroot soup)
Botánica	Botany
Botánico/a	Botanical (botanist)
Botones de níscalos	Button milkcap mushrooms
Bouquet de verduras	Vegetable bouquet
Braseado de verduras	Braised vegetables
Brécol (brócoli)	Broccoli
Briam (pisto griego)	Briam (Greek ratatouille)
Brocheta de verduras	Vegetable skewer
Brocoflor	Broccoflower
Brócoli (brécol, bróculi)	Broccoli
Brócoli al vapor	Steamed broccoli
Brócoli con almendras	Broccoli with almonds
Brócoli rabe (grelo)	Broccoli rabe (rapini)
Brocomole	Brokkomole
Brotes de guisantes	Pea sprouts (pea shoots)
Brotes de lombarda	Purple cabbage sprouts
Brunoise (cortar las verduras en dados pequeños)	Brunoise (vegetables cut into very small cubes)
Bubango	Canarian courgette
Bubangos a la crema	Canarian courgettes in cream sauce
Budha bowl (bol de Buda)	Buddha bowl
Budín de coliflor	Cauliflower pudding
Budín de espinacas	Spinach pudding

Budín de patatas	Potato pudding
Bulbo	Bulb (corm)
Bulbo de hinojo	Fennel bulb
Buñuelos de brócoli	Broccoli fritters
Buñuelos de flores de calabacín	Squash blossom fritters
Buñuelos de patata	Potato fritters

C

Cabeza de ajos	Garlic bulb
Cabeza de apio	Head of celery
Cachelo	Boiled potato
Cactus	Cactus
Cajón de las verduras (en el frigorífico)	Crisper (in the fridge)
Calabacín	Courgette (zucchini, squash)
Calabacín con queso de cabra	Courgette with goat cheese
Calabacín redondo (zapallito)	Round courgette (globe squash)
Calabacines fritos	Fried courgettes
Calabacines rellenos	Stuffed courgettes
Calabacines rellenos de carne	Courgettes filled with meat
Calabacines rellenos de queso	Courgettes filled with cheese
Calabacines salteados	Sautéed courgettes
Calabaza (zapallo)	Pumpkin (squash, gourd)
Calabaza amarilla	Yellow pumpkin
Calabaza asada	Roasted pumpkin
Calabaza bellota	Acorn squash
Calabaza bonetera (calabaza pattypan)	Pattypan squash
Calabaza de invierno	Winter squash
Calabaza de verano	Summer pumpkin
Calabaza hiedra (tindora)	Ivy gourd (scarlet gourd, tindora)
Calabaza kabocha (calabaza japonesa)	Kabocha squash (Japanese pumpkin)
Calabaza violín	Butternut squash
Calçot (cebolla tierna)	Calçot (spring onion, green onion, scallion)
Calçotada (comida tradicional catalana con calçots)	Calçotada (traditional Catalan meal with calçots)
Calçots con salsa romesco	Calçots with romesco sauce
Caldo de verduras	Vegetable stock

Callos veganos (setas con garbanzos)	Vegan tripe (mushrooms with chickpeas)
Camote (batata)	Sweet potato (tuber, bulb)
Canónigos	Lamb's lettuce (corn salad, mâche)
Caponata (estofado de berenjenas de Sicilia)	Caponata (Sicilian aubergine stew)
Cardo	Cardoon (thistle)
Cardos a la crema	Cardoons in cream sauce
Cardos a la vinagreta	Cardoons in vinaigrette sauce
Cardos al gratén	Gratinated cardoons
Carozo (corazón de la mazorca)	Cob (corncob)
Carpaccio de amanita cesárea	Caesar's mushroom carpaccio
Carpaccio de hongos	Porcini mushroom carpaccio
Carpaccio de tomate	Tomato carpaccio
Cassoulet (ragoût de judías blancas)	Cassoulet (white-bean stew)
Caupí (carilla, judía de careta)	Cowpea
Caviar de berenjenas	Aubergine caviar
Cebolla	Onion
Cebolla amarilla	Yellow onion
Cebolla blanca	White onion
Cebolla caramelizada	Caramelised onion
Cebolla confitada	Onion confit
Cebolla dulce	Sweet onion
Cebolla morada	Red onion
Cebolla negra	Black onion
Cebolla tierna (cebolleta, cebollón)	Young onion (spring onion)
Cebollas al vino blanco	Onions in white wine
Cebollas asadas	Roasted onions
Cebollas gratinadas	Gratinated onions
Cebollas rebozadas	Battered onions
Cebollas rellenas	Stuffed onions
Cebolleta	Spring onion (scallion, green onion)
Cebollín chino	Garlic chive
Cebollino (ciboulette, cebollín)	Chive
Cebollita	Baby onion (pearl onion, button onion)

Cebollitas con romesco	Baby onions with romesco sauce
Cebollitas confitadas	Confit baby onions
Cebollitas en vinagre	Pickled onions
Cebollitas estofadas	Braised baby onions
Cebollitas glaseadas	Glazed baby onions
Cebollitas perla	Pearl onions
Cepillo para verduras	Vegetable brush
Chalota (escalonia, escaluña)	Shallot
Chalotas confitadas	Shallot confit
Chalotas glaseadas	Glazed shallots
Champiñón	Champignon mushroom
Champiñón portobello	Portobello mushroom
Champiñones a la crema	Creamed champignon mushrooms
Champiñones a la plancha	Grilled champignon mushrooms
Champiñones al ajillo	Champignon mushrooms with garlic
Champiñones enteros	Whole champignon mushrooms
Champiñones laminados	Sliced champignon mushrooms
Champiñones rellenos	Stuffed champignon mushrooms
Champiñones salteados	Sautéed champignon mushrooms
Chanfaina (samfaina, fritura de pimientos, cebollas, berenjenas y tomates)	Samfaina (fried peppers, onions, aubergines and tomatoes)
Chascar (cascar) las patatas	To cut potatoes into chunks
Chaucha (ejote, judía verde)	Runner bean (green bean)
Chicoria (achicoria)	Chicory
Chifonada (chiffonade, hierbas o verduras cortadas muy finas)	Chiffonade (finely chopped vegetables or herbs)
Chips (patatas u otras verduras cortadas finas y fritas)	Chips (thinly sliced and deep-fried potatoes or other vegetables)
Chips de alcachofa	Artichoke chips
Chips de tubérculos	Tuber chips
Chips de yuca	Yucca chips
Chirivía (pastinaca, apio de campo)	Parsnip
Chochos (altramuces)	Lupin beans

Chop suey de verduras	Vegetable chop suey
Chucruta (col fermentada, choucroute)	Sauerkraut (pickled cabbage)
Chuño (patata deshidratada)	Chuño (freeze-dried potato)
Chutney de tomate	Tomato chutney
Clorela (alga chlorella)	Chlorella seaweed
Cogollo	Lettuce heart
Cogollo de lechuga romana	Romaine lettuce heart
Cogollos con anchoas	Lettuce hearts with anchovies
Cogollos con atún	Lettuce hearts with tuna
Col (berza)	Cabbage (kale, kail)
Col china (repollo chino)	Chinese cabbage
Col cocida	Cooked cabbage
Col con patatas	Cabbage with potatoes
Col con tocino	Cabbage with bacon
Col de Saboya (berza de Saboya)	Savoy cabbage
Col estofada (col braseada)	Braised cabbage
Col lombarda (col morada, repollo morado)	Red cabbage (red kraut, purple cabbage)
Col negra (col dinosaurio)	Black Tuscan kale (dinosaur kale)
Col rellena	Stuffed cabbage
Col rizada (col crespa, col verde, kale)	Curly cabbage (kale, leaf cabbage)
Col roja (col morada, lombarda)	Red cabbage
Col salvaje	Wild cabbage
Col trinchada	Mashed cabbage
Col verde	Kale
Coles de Bruselas	Brussels sprouts
Coles de Bruselas asadas al horno	Oven-roasted Brussels sprouts
Coles de Bruselas fritas	Fried Brussels sprouts
Coles de Bruselas salteadas	Sautéed Brussels sprouts
Coliflor	Cauliflower
Coliflor a la crema	Cauliflower in cream sauce
Coliflor a la inglesa	Boiled cauliflower
Coliflor a la vinagreta	Cauliflower in vinaigrette sauce
Coliflor al horno	Roast cauliflower

Coliflor amarilla	Yellow cauliflower
Coliflor blanca	White cauliflower
Coliflor con bechamel	Cauliflower with béchamel sauce
Coliflor con patatas	Cauliflower with potatoes
Coliflor con salsa de tomate	Cauliflower with tomato sauce
Coliflor fría con mayonesa	Cold cauliflower with mayonnaise
Coliflor gratinada	Gratinated cauliflower (cauliflower cheese)
Coliflor morada	Purple cauliflower
Coliflor naranja	Orange cauliflower
Coliflor rebozada	Battered cauliflower
Coliflor verde	Green cauliflower
Colinabo (colirrábano, nabicol)	Kohlrabi (turnip-cabbage)
Colinabo morado	Purple kohlrabi
Colmenilla (múrgula, morilla, cagarria)	Morel (morel mushroom)
Colmenillas a la crema de trufas	Morels in truffle cream sauce
Colmenillas con salsa de foie gras	Morels with foie-gras sauce
Colmenillas rellenas	Stuffed morels
Colmenillas salteadas	Sautéed morels
Compota de tomate	Tomato compote
Concassé (cortar frutas o verduras en pequeños dados)	Concasse (to cut coarsely fruits or vegetables into dices)
Concassé de tomate	Tomato concasse
Concentrado de tomate	Tomato concentrate
Confitura de tomate	Tomato confiture
Copos de ajo	Garlic flakes
Copos de garbanzos	Chickpea flakes
Corazones de alcachofas	Artichoke hearts (artichoke bottoms)
Corazones de alcachofas con jamón	Artichoke hearts with ham
Cortador de patatas	Potato cutter
Cortador de patatas en espiral	Spiral potato cutter
Cortador de patatas fritas	French fry cutter (potato chipper)
Cortaverduras (cortador de verduras)	Vegetable cutter
Courgetti (espaguetis de calabacín)	Courgetti (courgette spaghetti)

Crema de calabacín	Cream of courgette soup
Crema de calabaza	Cream of pumpkin soup
Crema de coliflor	Cream of cauliflower soup
Crema de guisantes	Cream of pea soup
Crema de patatas	Cream of potato soup (potato cream)
Crema de puerros	Cream of leek soup
Crema de tomate	Cream of tomato soup
Crema de verduras	Cream of vegetable soup
Crema de zanahoria	Cream of carrot soup
Crep de champiñones	Champignon mushroom crepe
Crep de espinacas	Spinach crepe
Crep vegana	Vegan crepe
Criadillas de tierra (trufas)	Truffles
Croquetas de espinacas	Spinach croquettes
Croquetas de patata	Potato croquettes
Crosne (alcachofa china, alcachofa betónica)	Crosne (Chinese artichoke, artichoke betony)
Crucíferas	Brassicas
Crudismo (alimentación crudista)	Raw foodism (raw food diet)
Crudités (crudezas, hortalizas crudas)	Crudités (uncooked vegetables)
Crudiveganismo	Raw veganism
Crudivorismo	Crudivorism
Crujiente de puerro (rizos de puerro)	Frizzled leeks (crispy fried shreds of leek)
Cuchillo para pelar verdura (puntilla)	Paring knife
Cuchillo para verduras	Vegetable knife (greens knife)
Cucurbitáceas (cucurbitaceae)	Cucurbitaceous (cucurbitaceae, cucurbits)
Cultivar	To farm (to cultivate, to grow)
Cultivar patatas	To grow potatoes
Cultivo de algas marinas	Seaweed farming
Cultivos tradicionales	Heirloom varieties (heirloom vegetables)
Curry de setas	Mushroom curry
Curry de verduras	Vegetable curry (veggie curry)
Cuscús de verduras	Vegetable couscous

D

Daikon (rábano blanco, rábano japonés)	Daikon (Japanese radish)
Delicias de Buda	Buddha's delight
Desbullar (descascarar, desvainar)	To shuck (to husk)
Descascarar (desvainar, pelar)	To husk (to shuck)
Dubarry (plato con coliflor)	Dubarry (dish with cauliflower)

E

Ejote (vaina del frijol)	Green bean
Empanada de espinacas	Spinach pie
Empanadillas de espinacas	Spinach turnovers
Empresa hortofrutícola	Produce company
Encebollado/a	Onioned (cooked with onions)
Encurtido/a	Pickled
Encurtidos (en vinagre)	Pickles (mixed pickles)
Encurtir (conservar en vinagre)	To pickle (to preserve in vinegar)
Endibia (endivia)	Belgian endive (witloof chicory)
Endibias a la vinagreta	Belgian endives with vinaigrette
Endibias al Roquefort	Belgian endive with Roquefort cheese
Endibias gratinadas	Gratinated Belgian endives
Enoki (seta de aguja de oro)	Enokitake (enoki)
Ensalada	Salad
Ensalada de achicoria	Chicory salad
Ensalada de alcachofas	Artichoke salad
Ensalada de algas	Seaweed salad
Ensalada de berros	Watercress salad
Ensalada de cogollos	Lettuce heart salad
Ensalada de endibias	Belgian endive salad
Ensalada de escarola	Escarole salad
Ensalada de espárragos	Asparagus salad
Ensalada de espinacas	Spinach salad
Ensalada de hojas	Leaf salad
Ensalada de lechuga	Lettuce salad
Ensalada de legumbres	Pulse salad
Ensalada de ñame	Yam salad
Ensalada de patatas	Potato salad

Ensalada de pepinos	Cucumber salad
Ensalada de remolacha	Beetroot salad
Ensalada de rúcula	Arugula salad
Ensalada de setas	Mushroom salad
Ensalada de soja	Soya salad
Ensalada de tomate	Tomato salad
Ensalada de zanahoria	Carrot salad
Ensalada del huerto	Garden salad
Ensalada depurative (ensalada detox)	Detox salad
Ensalada mesclun	Mesclun salad
Ensalada verde	Green salad
Ensaladilla	Diced vegetable salad
Ensaladilla rusa (daditos de patata y zanahoria, guisantes, atún y mayonesa)	Russian salad (diced potatoes and carrots, peas, tuna and mayonnaise)
Escalivada (berenjenas y pimientos rojos asados)	Escalivada (grilled aubergines and red peppers)
Escalivar (asar al rescoldo)	To cook in ashes
Escalonia (escaluña, chalota)	Shallot
Escapo (tallo, bohordo)	Scape (green stalk)
Escapo de ajo	Garlic scape
Escarola	Frisée (escarole, curly endive)
Escorzonera (salsifí negro)	Black salsify
Espaguetis de calabacín	Courgette spaghetti (courgetti, zoodles)
Espaguetis vegetales	Vegetable spaghetti (veggie noodles)
Espárrago	Asparagus
Espárragos a la brasa	Charcoal-broiled asparagus
Espárragos a la crema	Asparagus in cream sauce
Espárragos a la vinagreta	Asparagus in vinaigrette
Espárragos blancos	White asparagus
Espárragos con dos salsas	Asparagus with two sauces
Espárragos con jamón	Asparagus with ham
Espárragos con jamón de pato	Asparagus with duck ham
Espárragos con mayonesa	Asparagus with mayonnaise

Espárragos con salmón ahumado	Asparagus with smoked salmon
Espárragos con salsa romesco	Asparagus with romesco sauce
Espárragos en conserva	Canned asparagus
Espárragos gigantes	Jumbo asparagus
Espárragos gratinados	Gratinated asparagus
Espárragos trigueros / silvestres	Wild asparagus
Espárragos trigueros a la brasa	Charcoal-broiled wild asparagus
Espárragos trigueros con jamón	Wild asparagus with cured ham
Espárragos verdes	Green asparagus
Espárragos verdes a la plancha	Grilled green asparagus
Espárragos verdes al roquefort	Green asparagus with Roquefort cheese
Espárragos violetas	Purple asparagus
Espinacas	Spinach
Espinacas a la catalana (con pasas y piñones)	Catalan spinach (with pine nuts and raisins)
Espinacas a la crema	Creamed spinach
Espinacas al queso	Spinach with cheese
Espinacas con almejas	Spinach with clams
Espinacas con bechamel	Spinach with béchamel sauce
Espinacas con gambas	Spinach with prawns
Espinacas con jamón	Spinach with ham
Espinacas gratinadas	Gratinated spinach
Espinacas tiernas	Baby spinach
Espiralizador de verduras	Vegetable spiralizer
Espuma de patata	Potato foam
Estofado de patatas	Potato stew

F

Fabáceas	Fabaceae (bean family)
Fabada asturiana	Asturian fabada (bean and pork stew)
Fabes	Fabes (Asturian white beans)
Falafel (croqueta de garbanzos o habas)	Falafel (chickpea or fava bean croquette)
Fécula de patata	Potato starch
Fibra vegetal	Vegetable fibre
Fideos de vegetales	Veggie noodles
Fitonutrientes	Phytonutrients
Fitoplancton	Phytoplankton
Flageolets (judías flageolet)	Flageolet beans
Flores de borraja	Borage blossoms
Flores de calabacín	Zucchini flowers (squash blossoms)
Flores de calabacín rellenas	Stuffed squash blossoms
Floretes de brócoli	Broccoli florets
Floretes de coliflor	Cauliflower florets
Frijol (poroto, habichuela)	Bean
Frijol negro	Black bean
Frijol pinto	Pinto bean
Frijoles carita (porotos negros, caupíes)	Black-eyed peas (cow peas)
Frijoles negros	Black beans
Frijoles negros con arroz	Black beans with rice
Frijoles refritos	Refried beans
Frijoles rojos (porotos rojos)	Kidney beans
Fritura de verduras	Mixed fried vegetables

G

Garbanzo	Chickpea
Garbanzos blancos	White chickpeas
Garbanzos con chorizo	Chickpeas with paprika chorizo sausage
Garbanzos con espinacas	Chickpeas with spinach
Garbanzos con gambas	Chickpeas with prawns
Garbanzos estofados	Stewed chickpeas
Gari (jengibre encurtido)	Gari (pickled ginger)
Germinación	Germination
Germinado de col lombarda	Red cabbage sprouts
Germinados (brotes)	Sprouts
Germinar (brotar)	To germinate (to sprout)
Gordal (aceitunas grandes)	Gordal olives (large olives)
Granizado de pepino	Cucumber granita
Gratén de patatas	Potato gratin
Gratén delfinés (gratín dauphinois)	Gratin dauphinoise
Grelo	Turnip greens
Grelos al horno con queso	Baked turnip greens with cheese
Grelos con patatas	Turnip greens with potatoes
Guisante (arveja, chícharo)	Pea (green pea)
Guisante de olor (arvejilla, arveja dulce)	Sweet pea
Guisantes a la menta	Minted peas
Guisantes al horno	Oven-cooked peas
Guisantes con jamón	Peas with ham
Guisantes congelados	Frozen peas
Guisantes de lágrima	Tear peas
Guisantes estofados	Stewed peas
Guisantes frescos	Fresh peas
Guisantes grises	Grey peas

Guisantes grises con tocino	Grey peas with bacon
Guisantes mollares (tirabeques)	Sugar peas (snow peas, snap peas)
Guisantes negros	Black peas
Guisantes rehogados	Browned peas
Guisantes salteados	Sautéed peas
Guisantes salteados con mantequilla	Buttered peas
Guisantes secos	Dried peas
Guisantes verdes	Green peas
Gurumelo (amanita ponderosa)	Gurumelo (brown mushroom)

H

Haba	Broad bean (fava bean)
Habas con jamón	Broad beans with ham
Habas con tocino	Broad beans with bacon
Habas estofadas	Stewed broad beans
Habas fritas	Fried broad beans
Habas salteadas	Sautéed broad beans
Habichuela	Bean (green bean, runner bean)
Habichuelas rojas (frijoles rojos)	Red kidney beans
Habichuelas rosadas	Pink beans
Habinas verdinas (alubias verdinas)	Small green verdina beans
Habitas	Baby broad beans
Habitas con jamón ibérico	Baby broad beans with Iberian cured ham
Habitas salteadas con chipirones	Baby broad beans sautéed with baby squids
Hamburguesa de algas	Seaweed burger (weedburger)
Hamburguesa vegana	Vegan burger
Hamburguesa vegetal	Veggie burger (vegeburger)
Harina de garbanzo (besan)	Chickpea flour (gram flour, besan)
Harina de legumbres	Pulse flour
Hatillos de espárragos	Asparagus bundles
Hatillos de espárragos envueltos en bacon	Bacon-wrapped asparagus bundles
Hatillos de judías verdes	French bean bundles
Helecho	Fern
Helechos comestibles	Edible ferns (fiddlehead ferns)
Hijiki (alga japonesa de color marrón)	Hijiki (Japanese dark brown seaweed)
Hinojo	Fennel
Hinojo al horno	Baked fennel
Hinojo fresco	Fresh fennel
Hinojo marino	Sea fennel

Hinojo salteado	Sautéed fennel
Hinojo silvestre	Wild fennel
Hoja/s	Leaf/leaves
Hojas de acelga	Chard leaves
Hojas de apio	Celery leaves
Hojas de mostaza	Mustard greens
Hojas verdes de berza	Collard greens
Hongo (boletus edulis, cep)	Cèpe mushroom (porcini, boletus edulis)
Hongo (seta)	Fungus (mushroom)
Hortaliza	Vegetable (green vegetable, leafy vegetable)
Hortalizas congeladas	Frozen vegetables
Hortalizas crudas	Raw vegetables
Hortalizas en conserva	Canned vegetables
Hortalizas secas	Dried vegetables
Hortelano (horticultor)	Gardener
Horticultura	Horticulture (vegetable farming)
Hortofruticultura	Fruit and vegetable growing
Huerta	Garden (vegetable garden)
Huerto	Kitchen garden (orchard, back garden)
Huevo de rey (amanita de los césares)	Caesar's mushroom (amanita caesarea)
Huitlacoche (cuitlacoche)	Huitlacoche (corn smut)
Hummus (crema de puré de garbanzos)	Hummus (mashed chickpea cream)

I

Invernadero (invernáculo)   Greenhouse (hothouse)

J

Jengibre	Ginger
Jicama (nabo mexicano, pelenga)	Jicama (Mexican turnip)
Jitomate (tomate)	Tomato
Judía	Bean
Judía escarlata (judía pinta)	Scarlet runner beans
Judías con almejas	White beans with clams
Judías enanas	Dwarf beans
Judías fermentadas	Fermented beans
Judías mantequeras (judías de cera)	Wax beans
Judías negras (frijoles negros)	Black beans
Judías pintas (alubias rojas)	Red beans (scarlet runner beans)
Judías pintas con almejas	Red beans with clams
Judías pintas con arroz	Red beans with rice
Judías pintas con tocino	Red beans with bacon
Judías secas	Dried beans
Judías verdes (judías tiernas, vainas)	French beans (green beans)
Judías verdes a la vinagreta	French beans in vinaigrette sauce
Judías verdes con jamón	French beans with ham
Judías verdes con patatas	French beans with potatoes
Judías verdes planas	Flat French beans
Judías verdes salteadas	Sautéed French beans
Judías violetas	Purple beans
Judiones	Large beans
Juliana (cortado en juliana)	Julienne (julienned)
Juliana de verduras	Julienned vegetables

K

Kelp (alga marina grande)	Kelp (large seaweed)
Kimchi (col fermentada coreana)	Kimchi (Korean fermented cabbage)
Kombu de azúcar	Sugar kombu
Konjac (lengua del diablo)	Konjac (devil's tongue)
Kumato (tomate negro)	Kumato (black tomato)

L

Laminaria (tipo de alga)	Laminaria (a type of seaweed)
Leche vegetal (bebida vegetal)	Vegetable milk
Lechuga	Lettuce
Lechuga batavia	Batavia lettuce (looseleaf lettuce)
Lechuga china (wosun, woju)	Celtuce (Chinese lettuce)
Lechuga de hoja roja (lollo rosso)	Red coral lettuce (lollo rosso)
Lechuga de mar	Sea lettuce
Lechuga francesa (trocadero)	Butterhead lettuce (trocadero lettuce)
Lechuga hoja de roble	Oakleaf lettuce
Lechuga iceberg	Iceberg lettuce
Lechuga little gem	Little gem lettuce
Lechuga mustia	Limp lettuce
Lechuga repollada	Cabbage lettuce
Lechuga romana (cos)	Romaine lettuce (cos lettuce)
Lechuga romana roja	Red romaine
Lechuga tango	Tango lettuce
Lechuga trocadero	Trocadero lettuce
Lechugas rellenas	Stuffed lettuces
Legumbres	Legumes (pulses, pod vegetables)
Legumbres secas	Dried legumes (dried pulses)
Legumbres sin cáscara	Shelled legumes (shelled pulses)
Leguminosas	Leguminous (legume family)
Lenteja	Lentil
Lentejas amarillas	Yellow lentils
Lentejas Beluga (lentejas caviar, lentejas negras)	Beluga lentils (caviar lentils, black lentils)
Lentejas con arroz	Lentils with rice
Lentejas con tocino	Lentils with bacon

Lentejas de Puy (lentejas verdes de Puy)	LePuy lentils (French green lentils)
Lentejas estofadas	Stewed lentils
Lentejas germinadas	Lentil sprouts
Lentejas negras (lentejas caviar, lentejas beluga)	Black lentils (caviar lentils, Beluga lentils)
Lentejas rojas	Red lentils
Lentejas verdes	Green lentils
Licopeno (carotenoide)	Lycopene (carotenoid)
Liquen	Lichen
Liquen crujiente	Crispy lichen
Liquen de los renos	Reindeer lichen (reindeer moss)
Líquenes comestibles	Edible lichens
Lollo rosso (lechuga de hoja roja)	Lollo rosso (red coral lettuce)
Lombarda (col lombarda)	Purple cabbage (red cabbage)
Loto	Lotus

M

Macedonia de verduras	Vegetable macedonia (diced vegetable salad)
Malanga (taro, tubérculo de la malanga)	Malanga (taro, arum root)
Manojo de espárragos	Bunch of asparagus
Manzanillas (olivas)	Manzanilla olives
Mazorca a la parrilla	Grilled corn on the cob
Mazorca de maíz (elote, choclo)	Corn on the cob (ear of maize, corncob)
Menestra (menestra de verduras)	Menestra (boiled vegetable stew)
Microalgas	Microalgae (microphytes)
Microgreens (germinados)	Microgreens
Microvegetales	Micro vegetables
Monda (mondadura, cáscara)	Peel (zest, shell)
Mondador de patatas (pelapatatas)	Potato peeler
Morrón (pimiento morrón)	Sweet pepper (bell pepper)
Mousse de berenjenas	Aubergine mousse
Mucerones (mojardones)	Fairy-ring mushrooms
Musgo	Moss
Musgo comestible	Edible moss
Musgo de Irlanda (alga roja)	Irish moss (red algae)
Musgo estrellado (falso musgo de Irlanda)	Carragheen (false Irish moss)

N

Nabicol (rutabaga, nabo sueco)	Swede (rutabaga)
Nabizas (primeras hojas del nabo)	Early turnip leaves
Nabizas con garbanzos	Early turnip leaves with chickpeas
Nabo	Turnip
Nabo blanco	White turnip
Nabo Kabu (nabo japonés)	Kabu turnip (Japanese turnip)
Nabo sueco	Swedish turnip
Nakiri (cuchillo japonés para cortar verduras)	Nakiri (Japanese knife for cutting vegetables)
Negrillas (setas)	Grey knight (dirty tricholoma)
Nems (rollitos) vietnamitas	Vietnamese nems (spring rolls)
Nido de patatas	Potato nest
Níscalo (mízcalo, robellón)	Milkcap mushroom
Níscalos a la brasa	Charcoal-broiled milkcap mushrooms
Nori (algas marinas comestibles)	Nori (edible seaweed)

Ñ

Ñame	Yam
Ñame confitado	Candied yam
Ñoquis de patatas	Potato gnocchi (potato dumplings)

O

Okara (pulpa de soja)	Okara (soy pulp, tofu dregs)
Okra (gombo, quimbombó, angú)	Okra (ochro, gumbo, ladies' fingers)
Okra asada	Roasted okra
Okra frita	Fried okra
Oronja (amanita de los césares)	Caesar's mushroom (amanita caesarea)

P

Pak choi (bok choy, col china)	Pak choi (bok choy, Chinese cabbage)
Palitos de apio (bastones de apio)	Celery sticks
Pan de brócoli	Broccoli bread
Pan de coliflor	Cauliflower bread
Pan de garbanzos	Chickpea bread
Panaché de verduras	Vegetable panaché (mixed vegetables)
Papas (patatas)	Tatties (taters, potatoes)
Papas arrugadas	Wrinkly potatoes
Papas arrugadas con mojo picón	Wrinkly potatoes with a Canarian sauce
Parrillada de verduras	Mixed grilled vegetables
Pasapurés	Potato masher (food mill, vegetable mill)
Pasta de legumbres	Legume pasta
Pastel de coliflor	Cauliflower pie
Pastel de patatas	Potato pie
Pastel de puerros	Leek pie
Pastel de setas	Mushroom pie
Pastel de verduras	Vegetable pie
Pastel de zanahoria	Carrot cake
Pastilla de caldo de verduras	Vegetable stock cube
Pastinaca (chirivía)	Parsnip
Pataca (aguaturma, tupinambo)	Jerusalem artichoke
Patata (papa)	Potato
Patata azul	Blue potato
Patata violeta (patata morada, vitelotte)	Violet potato (purple potato, vitelotte)
Patatal	Potato field
Patatas a la crema	Creamed potatoes
Patatas a la riojana	Rioja potatoes (with chorizo and paprika)
Patatas a la suiza (dauphinoise, gratinadas)	Dauphinoise potatoes (potatoes au gratin)

Patatas a lo pobre	Fried sliced potatoes with onion and peppers
Patatas al bacon	Bacon potatoes
Patatas al comino	Caraway potatoes
Patatas al eneldo	Dill potatoes
Patatas al gratén	Gratinated potatoes
Patatas al horno	Baked potatoes
Patatas al perejil	Parsley potatoes
Patatas al roquefort	Potatoes with Roquefort cheese
Patatas al vapor	Steamed potatoes
Patatas amandine	Amandine potatoes
Patatas amarillas	Yellow potatoes
Patatas asadas	Roast potatoes
Patatas blancas	White potatoes
Patatas bravas	Potatoes in hot sauce
Patatas céreas (firmes, no harinosas)	Waxy potatoes
Patatas cerilla	Pommes allumettes (shoestring potatoes)
Patatas chascadas (patatas cascadas)	Potatoes cut into chunks
Patatas cocidas (patatas hervidas)	Boiled potatoes
Patatas con ajo y perejil	Garlic and parsley potatoes
Patatas con alioli	Potatoes with aioli sauce
Patatas confitadas	Potato confit
Patatas del bufet	Buffet potatoes
Patatas deshidratadas	Freeze-dried potatoes
Patatas fritas	French fries (fried potato chips)
Patatas fritas con queso	Cheesy fries
Patatas guisadas	Stewed potatoes
Patatas harinosas	Floury potatoes
Patatas Hasselback (patatas a la Hasselbacken)	Hasselback potatoes (potatoes à la Hasselbacken)
Patatas Kennebec	Kennebec potatoes
Patatas Monalisa	Monalisa potatoes
Patatas noisette (patatas avellana)	Noisette potatoes
Patatas paja	Potato straws (straw potatoes)

Patatas panadera	Boulangère potatoes (golden potato rounds)
Patatas parisien (a la parisina)	Parisienne potatoes
Patatas ratte (Asparges)	Ratte potatoes (Asparges)
Patatas rejilla (patatas gaufrette)	Waffle fries (pommes gaufrette)
Patatas rellenas	Stuffed potatoes
Patatas rellenas de carne	Potatoes stuffed with meat
Patatas rellenas de marisco	Potatoes stuffed with seafood
Patatas rojas	Red potatoes
Patatas Russet	Russet potatoes (Idaho potatoes)
Patatas salteadas	Sauté potatoes
Patatas sorpresa	Surprise potatoes
Patatas soufflées (patatas huecas)	Souffléed potatoes
Patatas tempranas (patatas nuevas)	New potatoes
Patatas torneadas	Turned potatoes
Patatas trufadas	Truffled potatoes
Patatera	Potato plant
Patatería	Potato shop
Pelador de ajos	Garlic peeler
Pelusa o pelo de la alcachofa	Choke (artichoke fuzzy hair layer)
Penca (nervio principal de una hoja)	Main rib
Pencas de acelga (tallos de acelga)	Swiss chard ribs (Swiss chard stalks)
Pepino	Cucumber
Pepino inglés	English cucumber
Pepino limón	Lemon cucumber
Pepino persa	Persian cucumber
Pepino sin semillas	Seedless cucumber
Pepinos con yogur	Cucumbers with yogurt
Perrechicos (setas de primavera, setas de San Jorge)	St. George's mushrooms (springtime mushrooms)
Piel de cebolla	Onion skin
Pimiento	Pepper (bell-pepper, capsicum)
Pimiento amarillo	Yellow pepper
Pimiento de Espelette	Espelette pepper

Pimiento dulce	Sweet pepper
Pimiento morado (pimiento púrpura)	Purple pepper
Pimiento naranja	Orange pepper
Pimiento rojo	Red sweet pepper (red bell pepper)
Pimiento rojo relleno	Stuffed red bell pepper
Pimiento verde	Green sweet pepper
Pimientos asados	Roasted peppers
Pimientos asados a la leña	Wood-roasted peppers
Pimientos de Padrón	Padrón green peppers
Pimientos del Piquillo	Piquillo red peppers
Pimientos del Piquillo rellenos	Stuffed Piquillo red peppers
Pimientos del Piquillo rellenos de brandada de bacalao	Piquillo red peppers stuffed with cod brandade
Pimientos del Piquillo rellenos de marisco	Piquillo red peppers stuffed with seafood
Pimientos puntiagudos (alargados)	Pointed peppers
Pimientos rellenos	Stuffed bell-peppers
Piparra	Basque chili pepper
Piperrada (guarnición a base de pimientos y otras verduras)	Piperade (garnish made with peppers and other vegetables)
Pisto (fritada de verduras)	Pisto (deep-fried diced vegetables)
Pizza vegetal	Vegetable pizza
Plancton	Plankton
Pochas	White beans
Pochas con almejas	White beans with clams
Pochas con morro y oreja de cerdo	White beans with pork snout and ear
Pocho/a (podrido/a o demasiado maduro/a)	Overripe (soft, rotten)
Popieta de col (rollito de col)	Cabbage roll
Popietas de col rellenas	Stuffed cabbage rolls
Poroto chino (poroto mung, soja verde)	Mung bean (moong bean)
Poroto/a (judía, frijol, habichuela)	Bean
Potaje de garbanzos	Chickpea stew
Potaje de lentejas	Lentil stew

Prensador de patatas (prensapatatas)	Potato press (potato ricer)
Productos hortofrutícolas	Horticultural products
Pudin de espárragos	Asparagus pudding
Pudin de verduras	Vegetable pudding
Puerro	Leek
Puerro japonés	Japanese leek
Puerro silvestre (ajipuerro, ajete)	Wild leek
Puerros a la vinagreta	Leeks in vinaigrette
Puerros braseados	Braised leeks
Puerros crujientes	Crispy leeks
Puerros gratinados	Gratinated leeks
Puerros rellenos	Stuffed leeks
Puntas / yemas de espárragos	Asparagus tips
Puntas de espárragos verdes	Green asparagus tips
Puré de patata	Potato purée (mashed potatoes)

Q

Quimbombó (okra)   Okra

R

Rabanillo	Wild radish
Rábano	Radish
Rábano blanco	White radish
Rábano negro	Black radish
Rabo (pedúnculo, tallo)	Stem
Radicchio (achicoria roja)	Radicchio (red chicory)
Raíces alimenticias (verduras de raíz)	Root vegetables
Raifort (rábano picante)	Horseradish
Raíz	Root
Raíz de apio (apio-nabo)	Celery root (celeriac)
Raíz de loto	Lotus root
Raíz de taro	Taro root
Rajas (chiles asados y cortados en tiras)	Rajas (roasted chile peppers cut into strips)
Ramallo de mar (codium)	Codium seaweed
Rasca ajos	Garlic grater
Ratatouille (fritura de cebolla, calabacín, tomate, ajo, pimiento y berenjena)	Ratatouille (fried onions, courgettes, garlic, tomatoes, aubergines and peppers)
Rebozuelos	Chanterelles
Recetas veganas	Vegan recipes
Remolacha (betarraga)	Beetroot (beet)
Remolacha amarilla	Yellow beet (golden beetroot)
Remolacha azucarera	Sugar beet
Remolacha blanca	White beet
Remolacha crapaudine	Crapaudine beet (lady toad)
Remolacha en vinagre	Pickled beetroot
Remolacha forrajera	Fodder beet
Remolacha roja (betabel)	Red beet
Repollo (col repollo, repollo blanco)	White cabbage

Repollo con chorizo	White cabbage with paprika sausage
Repollo con mayonesa	White cabbage with mayonnaise
Repollo de Napa	Napa cabbage
Repollo morado (col morada, col lombarda)	Purple cabbage (red cabbage)
Repollo relleno	Stuffed white cabbage
Retoño (brote)	Shoot (sprout)
Ristra de ajos	String of garlic
Ristra de cebollas	String of onions
Rizoma	Rhizome
Rizomas comestibles	Edible rhizomes
Rodajas de cebolla	Onion slices
Rollitos de berenjena	Aubergine rolls
Rollitos de col	Cabbage rolls
Rollitos de primavera	Spring rolls
Romanescu (brécol romanesco)	Romanesco broccoli (Roman cauliflower)
Rösti de apio	Celery rösti
Rösti de patata	Potato rösti
Rúcula	Arugula (rocket salad)
Ruibarbo	Rhubarb
Rutabaga (naba, nabicol)	Rutabaga (swede)

S

Saint-Germain (plato con guisantes)	Saint-Germain (dish with peas)
Salsifí	Salsify
Salsifís con champiñones	Salsifies with champignon mushrooms
Salteado de setas	Sautéed wild mushrooms
Samfaina (chanfaina, fritura de pimientos, cebollas, berenjenas y tomates)	Samfaina (fried peppers, onions, aubergines and tomatoes)
Sándwich vegetal	Vegetarian sandwich
Sector hortofrutícola	Horticultural industry
Seta (hongo)	Mushroom
Seta comestible	Edible mushroom
Seta de anís	Aniseed toadstool (aniseed funnel mushroom)
Seta de pie azul (Lepista nuda)	Wood blewit (Lepista nuda)
Setas a la brasa	Charcoal-broiled mushrooms
Setas a la parrilla	Grilled mushrooms
Setas babosas	Slimy mushrooms
Setas botón	Button mushrooms
Setas chinas	Chinese mushrooms
Setas de invierno	Winter mushrooms
Setas de ostra (gírgolas)	Oyster mushrooms
Setas de ostra a la brasa	Charcoal-broiled oyster mushrooms
Setas de ostra a la plancha	Grilled oyster mushrooms
Setas de ostra salteadas	Sautéed oyster mushrooms
Setas de otoño	Autumn mushrooms
Setas de primavera	Spring mushrooms
Setas de San Jorge (zizas)	St. George's mushrooms
Setas de temporada	Seasonal mushrooms
Setas de verano	Summer mushrooms
Setas salteadas	Sautéed mushrooms

Setas salteadas al ajillo	Mushrooms sautéed with garlic
Setas secas	Dried mushrooms
Setas shiitake	Shiitake mushrooms
Setas shiitake a la plancha	Grilled shiitake mushrooms
Setas silvestres	Wild mushrooms
Setas venenosas	Poisonous mushrooms
Setero/a (recolector/a de setas)	Mushroom hunter (mushroom picker)
Shiitake (seta japonesa)	Shiitake (Japanese mushroom)
Sin fibra	Fibreless
Soja (soya)	Soya (soy, soybean)
Soja fermentada	Fermented soy
Soja roja (judía, fríjol adzuki, azuki)	Red mung bean (adzuki or azuki bean)
Soja texturizada	Textured soya
Soja transgénica	Genetically modified soybean
Sombreros de champiñones	Champignon mushroom caps
Sombreros de setas	Mushroom caps
Sombreros de setas rellenos	Stuffed mushroom caps
Sopa juliana	Julienne soup
Sopa de acedera	Sorrel soup
Sopa de ajo	Garlic soup
Sopa de algas de mar	Seaweed soup
Sopa de apio	Celery soup
Sopa de borrajas	Borage soup
Sopa de cebolla	Onion soup
Sopa de cebolla gratinada	Gratinated onion soup
Sopa de col	Cabbage soup
Sopa de patatas	Potato soup
Sopa de setas	Mushroomble soup
Sopa de tomate	Tomato soup
Sopa de verduras	Vegetable soup
Soufflé de setas	Mushroom soufflé

T

Tallarines de calabacín	Courgetti (zucchini noodles)
Tallo	Stalk (stem)
Tallo de apio	Celery stalk
Tallo de puerro	Leek stalk
Tallos de acelga (pencas de acelga)	Swiss chard stalks (Swiss chard stems)
Tallos de ruibarbo	Rhubarb stalks
Taro (malanga)	Taro
Tarta de cebolla	Onion pie
Tarta de zanahoria	Carrot cake
Tartaletas de espinacas	Spinach tartlets
Tartiflette (queso reblochon, patatas, cebollas y bacon)	Tartiflette (reblochon cheese, potatoes, onions and bacon)
Tatsoi (col china, col mostaza)	Tatsoi (Chinese cabbage)
Tempeh (producto hecho con soja fermentada)	Tempeh (fermented soybean product)
Temprano/a (tempranero/a)	Early
Tempura de verduras	Vegetable tempura
Tirabeques	Mangetout (sugar peas, snow peas)
Tomate	Tomato
Tomate amarillo	Yellow tomato
Tomate carnoso (tomate "beef")	Beef tomato (beefsteak tomato)
Tomate cereza (tomate "cherry")	Cherry tomato
Tomate ciruela	Plum tomato
Tomate confitado	Tomato confit
Tomate corazón de buey	Oxheart tomato (beef tomato)
Tomate de colgar	Garland tomato
Tomate deshidratado (tomate seco)	Sun-dried tomato
Tomate en rama	Vine-ripened tomato (vine tomato)
Tomate en rodajas	Sliced tomato

Tomate frito	Fried tomato
Tomate italiano	Roma tomato (pear tomato)
Tomate morado	Purple tomato
Tomate naranja	Orange tomato
Tomate negro (kumato)	Black tomato (kumato)
Tomate pelado	Peeled tomato
Tomate pera	Pear tomato
Tomate rallado	Grated tomato
Tomate rojo	Red tomato
Tomate seco	Dried tomato
Tomate snack	Snack tomato
Tomate triturado	Crushed tomatoes
Tomate uva	Grape tomato
Tomate verde	Green tomato
Tomates al horno	Baked tomatoes
Tomates cherry en rama	Vine cherry tomatoes
Tomates cherry rellenos	Stuffed cherry tomatoes
Tomates concassé	Concasse tomatoes
Tomates en conserva	Canned tomatoes
Tomates reliquia (tomates de herencia)	Heirloom tomatoes
Tomates rellenos	Stuffed tomatoes
Tomates verdes fritos	Fried green tomatoes
Tomatillo (miltomate, tomate de cáscara)	Tomatillo (Mexican husk tomato)
Tortilla de patata y cebolla	Potato and onion omelette
Tortilla de patatas	Potato omelette
Tortilla de patatas sin huevo	Egg-free potato omelette
Tortilla de setas	Mushroom omelette
Tortilla de verduras	Vegetable omelette
Trigueros (espárragos trigueros)	Wild asparagus
Trinxat (puré de patata y col con tocino frito)	Trinxat (potato and cabbage purée with fried bacon)
Trompeta amarilla (angula de monte)	Yellow foot mushroom
Trompetas de la muerte	Trumpeter mushrooms (horn of plenty)

Troncho (tallo de las hortalizas)	Stem (stalk, heart of vegetables)
Trufa (tuber melanosporum)	Truffle (tuber melanosporum)
Trufa blanca	White truffle
Trufa de invierno	Winter truffle
Trufa de veranao	Summer truffle
Trufa negra	Black truffle
Trufa rallada	Grated truffle
Trufado/a	Truffled
Trufar	To truffle
Trufas asadas en las cenizas	Truffles cooked in hot ashes
Truficultor	Truffle farmer
Truficultura	Truffle farming
Tsukemono (vegetales encurtidos)	Tsukemono (pickled vegetables)
Tubérculo	Tuber
Tubérculos comestibles	Edible tubers
Tubérculos glaseados	Glazed tubers
Tubos de patata	Potato tubes (potato cannoli)
Tupinambo (aguaturma, pataca)	Topinambour (Jerusalem artichoke)

U

Usuba (cuchillo japonés para cortar verduras)

Usuba (Japanese knife for cutting vegetables)

V

Vaciador de verduras	Vegetable corer
Vaina	Pod (husk, shell)
Vaina de guisante	Peapod
Vainas (judías tiernas, judías verdes)	Green beans
Variedad (cultivar, tipo de cultivo)	Cultivar (cultivated variety)
Variedades de tomate	Tomato cultivars
Variedades tradicionales	Heirloom varieties (heirloom vegetables)
Veganismo	Veganism
Vegano/a	Vegan
Vegetal	Vegetable
Vegetarianismo	Vegetarianism
Vegetariano/a	Vegetarian
Verdinas (alubias verdinas)	Small green verdina beans
Verdolaga	Purslane
Verdulería	Greengrocer's (produce shop)
Verdulero/a	Greengrocer
Verdura	Vegetables (greens)
Verdura a la plancha	Grilled vegetables
Verdura al vapor	Steamed vegetables
Verdura cruda	Raw vegetables
Verdura de hoja verde	Green vegetables
Verdura del día	Today's vegetables
Verdura del tiempo	Seasonal vegetables
Verdura hervida	Boiled vegetables
Verdura salteada	Sautéed vegetables
Verduras a la brasa	Charcoal-broiled vegetables
Verduras asadas	Roasted vegetables
Verduras de hoja	Leaf vegetables (leafy greens)

Verduras de invernadero	Hothouse vegetables
Verduras de invierno	Winter vegetables
Verduras de raíz	Root vegetables
Verduras deshidratadas	Dehydrated vegetables
Verduras ecológicas	Organic vegetables
Verduras encurtidas	Pickled vegetables
Verduras exóticas	Exotic vegetables
Verduras marinadas	Marinated vegetables
Verduras primaverales	Spring vegetables
Verduras tempranas	Early vegetables
Verduras variadas	Assorted vegetables
Verduritas	Baby vegetables
Verduritas de temporada	Seasonal baby vegetables
Vitelotte (patata violeta)	Vitelotte (violet potato)
Vivero (plantas)	Garden centre (nursery)

W

Wakame (alga comestible)	Wakame (edible seaweed)
Wasabi (rábano japonés)	Wasabi (Japanese horseradish)

Y

Yemas de espárragos	Asparagus shoots (asparagus tips)
Yuca	Yucca

Z

Zanahoria	Carrot
Zanahoria baby	Baby carrot
Zanahoria morada	Purple carrot
Zanahoria negra	Black carrot
Zanahoria rallada	Shredded carrot (grated carrot)
Zanahoria silvestre	Wild carrot
Zanahorias asadas con miel	Roasted carrots with honey
Zanahorias de diferentes colores	Multi-coloured carrots
Zanahorias estofadas	Stewed carrots
Zanahorias glaseadas	Glazed carrots
Zanahorias salteadas con mantequilla	Buttered carrots
Zanahorias torneadas	Turned carrots
Zapallito (calabacín redondo)	Round courgette (globe squash)
Zapallitos rellenos	Stuffed round courgettes
Zapallitos rellenos de atún	Round courgettes stuffed with tuna
Zapallo (calabaza)	Pumpkin (squash)
Zizas (setas de San Jorge, setas de primavera)	St. George's mushrooms (springtime mushrooms)
Zoodles (fideos de calabacín)	Zoodles (zucchini noodles)

PART II: ENGLISH-SPANISH

A

Acorn squash	Calabaza bellota
Adzuki bean (red mung bean)	Azuki (soja roja)
African eggplant (scarlet eggplant, bitter tomato)	Berenjena africana (berenjena escarlata, tomate amargo)
Agriculture (farming)	Agricultura
Algaculture	Alguicultura (cultivo de algas)
Amandine potatoes	Patatas amandine
Amanita caesarea (Caesar's mushroom)	Amanita de los césares (huevo de rey, oronja)
Aniseed toadstool	Seta de anís
Arame (sea oak)	Arame (alga arame)
Argenteuil (dish with asparagus)	Argenteuil (plato que lleva espárragos)
Armenian cucumber	Alficoz (pepino fino)
Arracacha (creole celery, virraca, white carrot)	Arracacha (apio criollo, virraca, zanahoria blanca)
Arrowroot	Arrurruz (arrowroot)
Arrrowroot starch	Almidón de arrurruz
Artichoke	Alcachofa (alcaucil)
Artichoke chips	Chips de alcachofa
Artichoke confit	Alcachofas confitadas
Artichoke fuzzy hair layer (choke)	Pelusa o pelo de la alcachofa
Artichoke hearts (artichoke bottoms)	Corazones de alcachofas
Artichoke hearts with ham	Corazones de alcachofas con jamón
Artichokes stuffed with cheese	Alcachofas rellenas de queso
Artichokes stuffed with prawns	Alcachofas rellenas de gambas

Artichokes with clams	Alcachofas con almejas
Artichokes with ham	Alcachofas con jamón
Artichokes with vinaigrette sauce	Alcachofas a la vinagreta
Arugula (rocket salad)	Rúcula
Asparagus	Espárrago
Asparagus bundles	Hatillos de espárragos
Asparagus in cream sauce	Espárragos a la crema
Asparagus in vinaigrette	Espárragos a la vinagreta
Asparagus pudding	Pudin de espárragos
Asparagus shoots (asparagus tips)	Yemas/puntas de espárragos
Asparagus with duck ham	Espárragos con jamón de pato
Asparagus with ham	Espárragos con jamón
Asparagus with mayonnaise	Espárragos con mayonesa
Asparagus with romesco sauce	Espárragos con salsa romesco
Asparagus with smoked salmon	Espárragos con salmón ahumado
Asparagus with two sauces	Espárragos con dos salsas
Asparges (ratte potatoes)	Asparges (patatas ratte)
Assorted vegetables	Verduras variadas
Aubergine (eggplant)	Berenjena
Aubergine caviar	Caviar de berenjenas
Aubergine mousse	Mousse de berenjenas
Aubergine rolls	Rollitos de berenjena
Aubergines stuffed with meat	Berenjenas rellenas de carne
Aubergines with mozzarella	Berenjenas con mozzarella
Autumn mushrooms	Setas de otoño
Baba ghanoush (aubergine purée with tahini)	Baba ganush (puré de berenjena con tahina)

B

Baby broad beans	Habitas
Baby broad beans with Iberian cured ham	Habitas con jamón ibérico
Baby carrot	Zanahoria baby
Baby onion (pearl onion, button onion)	Cebollita
Baby onions with romesco sauce	Cebollitas con romesco
Baby spinach	Espinacas tiernas
Baby spinach salad	Ensalada de espinacas tiernas
Baby vegetables	Verduritas
Bacon potatoes	Patatas al bacon
Bacon-wrapped asparagus bundles	Hatillos de espárragos envueltos en bacon
Baked aubergines	Berenjenas al horno
Baked beans	Alubias con tomate al estilo inglés
Baked fennel	Hinojo al horno
Baked potatoes	Patatas al horno
Baked tomatoes	Tomates al horno
Baked turnip greens with cheese	Grelos al horno con queso
Basque chili pepper	Piparra
Batavia lettuce (looseleaf lettuce)	Lechuga batavia
Battered artichokes	Alcachofas rebozadas
Battered aubergines	Berenjenas rebozadas
Battered cauliflower	Coliflor rebozada
Battered onions	Cebollas rebozadas
Bean (green bean, runner bean)	Frijol (poroto/a, judía, habichuela)
Beef tomato (beefsteak tomato)	Tomate carnoso (tomate "beef")
Beet (beetroot)	Remolacha (betarraga)
Beet sugar	Azúcar de remolacha
Beetroot salad	Ensalada de remolacha
Beetroot soup	Sopa de remolacha

Belgian endive (witloof chicory)	Endibia (endivia)
Belgian endive salad	Ensalada de endibias
Belgian endives with Roquefort cheese	Endibias al Roquefort
Belgian endives with vinaigrette	Endibias a la vinagreta
Bell pepper	Pimiento morrón
Beluga lentils (caviar lentils, black lentils)	Lentejas Beluga (lentejas caviar, lentejas negras)
Black bean	Frijol negro (judía negra, alubia negra)
Black beans with rice	Frijoles negros con arroz
Black carrot	Zanahoria negra
Black garlic	Ajo negro
Black lentils (Beluga lentils, caviar lentils)	Lentejas negras (lentejas caviar, lentejas Beluga)
Black onion	Cebolla negra
Black peas	Guisantes negros
Black radish	Rábano negro
Black salsify	Escorzonera (salsifí negro)
Black tomato (kumato)	Tomate negro (kumato)
Black Tuscan kale (dinosaur kale)	Col negra (col dinosaurio)
Black truffle	Trufa negra
Black-eyed bean (black-eyed pea)	Alubia carilla (alubia "black-eyed")
Black-eyed peas (cow peas)	Frijoles carita (porotos negros, caupíes)
Blue potato	Patata azul
Boiled cauliflower	Coliflor a la inglesa
Boiled potato	Cachelo
Boiled potatoes	Patatas cocidas (patatas hervidas)
Boiled Swiss chard	Acelgas hervidas
Boiled vegetables	Verdura hervida
Boiled vegetables with potatoes	Verdura con patatas
Boletus edulis (cèpe, porcini, penny bun)	Boletus (boletus edulis, hongo, cep)
Borage	Borraja
Borage blossoms	Flores de borraja
Borage soup	Sopa de borrajas

Borages with clams	Borrajas con almejas
Borages with honey	Borrajas con miel
Borscht (beetroot soup)	Borsch (sopa de remolacha)
Botanical (botanist)	Botánico/a
Botany	Botánica
Braised baby onions	Cebollitas estofadas
Braised cabbage	Col estofada (col braseada)
Braised celery	Apio estofado
Braised leeks	Puerros braseados
Braised vegetables	Braseado de verduras
Brassicas	Crucíferas
Briam (Greek ratatouille)	Briam (pisto griego)
Broad bean (fava bean)	Haba
Broad beans with bacon	Habas con tocino
Broad beans with ham	Habas con jamón
Broccoflower	Brocoflor
Broccoli	Brócoli (brécol, bróculi)
Broccoli bread	Pan de brócoli
Broccoli florets	Floretes de brócoli
Broccoli fritters	Buñuelos de brócoli
Broccoli rabe (rapini)	Brócoli rabe (grelo)
Broccoli with almonds	Brócoli con almendras
Brokkomole	Brocomole
Brown seaweed	Algas marinas pardas
Browned peas	Guisantes rehogados
Brunoise (vegetables cut into very small cubes)	Brunoise (cortar las verduras en dados pequeños)
Brussels sprouts	Coles de Bruselas
Buddha bowl	Bol de Buda (Buddha bowl)
Buddha's delight	Delicias de Buda
Buffet potatoes	Patatas del bufet
Bulb (corm)	Bulbo
Bunch of asparagus	Manojo de espárragos

Buttered carrots	Zanahorias salteadas con mantequilla
Buttered peas	Guisantes salteados con mantequilla
Butterhead lettuce (trocadero lettuce)	Lechuga francesa (trocadero)
Butternut squash	Calabaza violín
Button milkcap mushrooms	Botones de níscalos
Button mushrooms	Setas botón

C

Cabbage (kale, kail)	Col (berza)
Cabbage lettuce	Lechuga repollada
Cabbage rolls	Rollitos de col (popietas de col)
Cabbage soup	Sopa de col
Cabbage with bacon	Col con tocino
Cabbage with potatoes	Col con patatas
Cactus	Cactus
Caesar's mushroom (amanita caesarea)	Huevo de rey (oronja, amanita cesárea)
Caesar's mushroom carpaccio	Carpaccio de amanita cesárea
Calçot (spring onion, green onion)	Calçot (cebolla tierna)
Calçotada (traditional Catalan meal with calçots)	Calçotada (comida tradicional catalana con calçots)
Calçots with romesco sauce	Calçots con salsa romesco
Canarian courgette	Bubango
Candied yam	Ñame confitado
Canned asparagus	Espárragos en conserva
Canned tomatoes	Tomates en conserva
Canned vegetables	Hortalizas en conserva
Caponata (Sicilian aubergine stew)	Caponata (estofado de berenjenas de Sicilia)
Caramelised onion	Cebolla caramelizada
Caraway potatoes	Patatas al comino
Cardoon (thistle)	Cardo
Cardoons in cream sauce	Cardos a la crema
Cardoons in vinaigrette sauce	Cardos a la vinagreta
Carragheen (false Irish moss)	Musgo estrellado (falso musgo de Irlanda)
Carrot	Zanahoria
Carrot cake	Pastel de zanahoria (tarta de zanahoria)
Carrot salad	Ensalada de zanahoria

Carrot sticks	Bastoncitos de zanahoria
Cassoulet (white-bean stew)	Cassoulet (ragoût de judías blancas)
Cauliflower	Coliflor
Cauliflower bread	Pan de coliflor
Cauliflower florets	Floretes de coliflor
Cauliflower in cream sauce	Coliflor a la crema
Cauliflower in vinaigrette sauce	Coliflor a la vinagreta
Cauliflower pie	Pastel de coliflor
Cauliflower pudding	Budín de coliflor
Cauliflower rice	Arroz de coliflor
Cauliflower with béchamel sauce	Coliflor con bechamel
Cauliflower with potatoes	Coliflor con patatas
Cauliflower with tomato sauce	Coliflor con salsa de tomate
Caviar lentils (Beluga lentils, black lentils)	Lentejas caviar (lentejas Beluga, lentejas negras)
Celeriac (celery root)	Apio-nabo (apionabo, raíz de apio)
Celery	Apio
Celery leaves	Hojas de apio
Celery root (celeriac)	Raíz de apio (apio-nabo)
Celery rösti	Rösti de apio
Celery soup	Sopa de apio
Celery stalk	Tallo de apio (apio en rama)
Celery sticks	Palitos de apio (bastones de apio)
Celtuce (Chinese lettuce)	Lechuga china (wosun, woju)
Cèpe mushroom (porcini, boletus edulis)	Hongo (boletus edulis, cep)
Champignon mushroom	Champiñón
Champignon mushroom caps	Sombreros de champiñones
Champignon mushroom crepe	Crep de champiñones
Champignon mushrooms with garlic	Champiñones al ajillo
Charcoal-broiled artichokes	Alcachofas a la brasa
Charcoal-broiled asparagus	Espárragos a la brasa
Charcoal-broiled milkcap mushrooms	Níscalos a la brasa
Charcoal-broiled mushrooms	Setas a la brasa

Charcoal-broiled oyster mushrooms	Setas de ostra a la brasa
Charcoal-broiled vegetables	Verduras a la brasa
Charcoal-broiled wild asparagus	Espárragos trigueros a la brasa
Chard (Swiss chard, silver beet)	Acelga
Chard leaves	Hojas de acelga
Cheesy fries	Patatas fritas con queso
Cherry tomato	Tomate cereza (tomate "cherry")
Chickpea	Garbanzo
Chickpea bread	Pan de garbanzos
Chickpea flakes	Copos de garbanzos
Chickpea flour (gram flour, besan)	Harina de garbanzo (besan)
Chickpea stew	Potaje de garbanzos
Chickpeas with chorizo sausage	Garbanzos con chorizo
Chickpeas with prawns	Garbanzos con gambas
Chickpeas with spinach	Garbanzos con espinacas
Chicory	Achicoria (chicoria)
Chiffonade (finely chopped vegetables or herbs)	Chifonada (hierbas o verduras cortadas muy finas)
Chili	Ají (pimiento muy picante)
Chinese artichoke (artichoke betony, crosne)	Alcachofa china (alcachofa betónica, crosne)
Chinese cabbage	Col china (repollo chino)
Chinese chard (bok choi, pak choi)	Acelga china (bok choi, pak choi, col china)
Chinese lettuce (celtuce)	Lechuga china (wosun, woju)
Chinese mushrooms	Setas chinas
Chips (thinly sliced and deep-fried potatoes or other vegetables)	Chips (patatas u otras verduras cortadas finas y fritas)
Chive	Cebollino (ciboulette, cebollín)
Chlorella seaweed	Clorela (alga chlorella)
Choke (artichoke fuzzy hair layer)	Pelusa o pelo de la alcachofa
Chuño (freeze-dried potato)	Chuño (patata deshidratada)
Cob (corncob)	Carozo (corazón de la mazorca)
Codium seaweed	Alga codium (ramallo de mar)

Cold cauliflower with mayonnaise	Coliflor fría con mayonesa
Collard (cabbage)	Berza (col)
Collard greens	Hojas verdes de berza
Concasse (to cut coarsely fruits or vegetables into dices)	Concassé (cortar frutas o verduras en pequeños dados)
Concasse tomatoes	Tomates concassé
Confit baby onions	Cebollitas confitadas
Cooked beans	Alubias cocidas
Cooked cabbage	Col cocida
Corn on the cob (ear of maize, corncob)	Mazorca de maíz (elote, choclo)
Courgette (zucchini, squash)	Calabacín (zapallito)
Courgette spaghetti (courgetti, zoodles)	Espaguetis de calabacín
Courgette with goat cheese	Calabacín con queso de cabra
Courgettes filled with cheese	Calabacines rellenos de queso
Courgettes filled with meat	Calabacines rellenos de carne
Courgetti (courgette spaghetti)	Courgetti (espaguetis de calabacín)
Cowpea	Caupí (carilla, judía de careta)
Crapaudine beet (lady toad)	Remolacha crapaudine
Cream of carrot soup	Crema de zanahoria
Cream of cauliflower soup	Crema de coliflor
Cream of courgette soup	Crema de calabacín
Cream of leek soup	Crema de puerros
Cream of pea soup	Crema de guisantes
Cream of potato soup	Crema de patatas
Cream of pumpkin soup	Crema de calabaza
Cream of tomato soup	Crema de tomate
Cream of vegetable soup	Crema de verduras
Creamed champignon mushrooms	Champiñones a la crema
Creamed potatoes	Patatas a la crema
Creamed spinach	Espinacas a la crema
Cress (watercress)	Berro
Crisper (in the fridge)	Cajón de las verduras (en el frigorífico)
Crispy artichokes	Alcachofas crujientes

Crispy leeks	Puerros crujientes
Crispy lichen	Liquen crujiente
Crosne (Chinese artichoke, artichoke betony)	Crosne (alcachofa china, alcachofa betónica)
Crudités (uncooked vegetables)	Crudités (crudezas, hortalizas crudas)
Crudivorism	Crudivorismo
Crushed garlic	Ajo machacado
Crushed tomatoes	Tomate triturado
Cucumber	Pepino
Cucumber granita	Granizado de pepino
Cucumber salad	Ensalada de pepinos
Cucumbers with yogurt	Pepinos con yogur
Cucurbitaceous (cucurbitaceae, cucurbits)	Cucurbitáceas (cucurbitaceae)
Cultivar (cultivated variety)	Variedad (cultivar, tipo de cultivo)
Curly cabbage (kale, leaf cabbage)	Col rizada (col crespa, col verde, kale)
Curly endive (frisée, escarole)	Escarola

D

Daikon (Japanese radish)	Daikon (rábano blanco, rábano japonés)
Dauphinoise potatoes (potatoes au gratin)	Patatas a la suiza (dauphinoise, gratinadas)
Dehydrated vegetables	Verduras deshidratadas
Detox salad	Ensalada depurative (ensalada detox)
Dill potatoes	Patatas al eneldo
Dried beans	Judías secas
Dried garlic	Ajo seco
Dried legumes (dried pulses)	Legumbres secas
Dried mushrooms	Setas secas
Dried peas	Guisantes secos
Dried tomato	Tomate seco
Dried vegetables	Hortalizas secas
Dubarry (dish with cauliflower)	Dubarry (plato con coliflor)
Dulse (dillisk)	Alga dulse (dillisk)
Dwarf beans	Judías enanas

E

Early	Temprano/a (tempranero/a)
Early turnip leaves	Nabizas (primeras hojas del nabo)
Early turnip leaves with chickpeas	Nabizas con garbanzos
Early vegetables	Verduras tempranas
Edible ferns (fiddlehead ferns)	Helechos comestibles
Edible lichens	Líquenes comestibles
Edible moss	Musgo comestible
Edible mushroom	Seta comestible
Edible rhizomes	Rizomas comestibles
Edible seaweed	Algas comestibles
Edible tubers	Tubérculos comestibles
Eggplant (aubergine)	Berenjena
Egg-free potato omelette	Tortilla de patatas sin huevo
Elephant garlic (great-headed garlic)	Ajo elefante (ajo chilote)
English cucumber	Pepino inglés
Enokitake (enoki)	Enoki (seta de aguja de oro)
Escalivada (grilled aubergines and red peppers)	Escalivada (berenjenas y pimientos rojos asados)
Escarole (frisée, curly endive)	Escarola
Escarole salad	Ensalada de escarola
Espelette pepper	Pimiento de Espelette
Exotic vegetables	Verduras exóticas

F

Fabaceae (bean family)	Fabáceas
Fabes (Asturian white beans)	Fabes
Fairy-ring mushrooms	Mucerones (mojardones)
Falafel (chickpea or fava bean croquette)	Falafel (croqueta de garbanzos o habas)
Farmer	Agricultor
Farming (agriculture)	Agricultura
Fennel	Hinojo
Fennel bulb	Bulbo de hinojo
Fermented beans	Judías fermentadas
Fermented soy	Soja fermentada
Fern	Helecho
Fibreless	Sin fibra
Flageolet beans	Flageolets (judías flageolet)
Flat French beans	Judías verdes planas
Floury potatoes	Patatas harinosas
Fodder beet	Remolacha forrajera
Freeze-dried potatoes	Patatas deshidratadas
French bean bundles	Hatillos de judías verdes
French beans (green beans)	Judías verdes (judías tiernas, vainas)
French beans in vinaigrette sauce	Judías verdes a la vinagreta
French beans with ham	Judías verdes con jamón
French beans with potatoes	Judías verdes con patatas
French fries (fried potato chips)	Patatas fritas
French fry cutter (potato chipper)	Cortador de patatas fritas
Fresh fennel	Hinojo fresco
Fresh garlic	Ajo fresco
Fresh peas	Guisantes frescos
Fried artichokes	Alcachofas fritas

Fried aubergines	Berenjenas fritas
Fried broad beans	Habas fritas
Fried Brussels sprouts	Coles de Bruselas fritas
Fried courgettes	Calabacines fritos
Fried green tomatoes	Tomates verdes fritos
Fried okra	Okra frita
Fried tomato	Tomate frito
Frisée (escarole, curly endive)	Escarola
Frizzled leeks (crispy fried shreds of leek)	Crujiente de puerro (rizos de puerro)
Frozen peas	Guisantes congelados
Frozen vegetables	Hortalizas congeladas
Fruit and vegetable growing	Hortofruticultura
Fungus (mushroom)	Hongo (seta)

G

Garden (vegetable garden)	Jardín (huerta, huerto)
Garden centre (nursery)	Vivero (plantas)
Garden cress	Berro de jardín
Garden salad	Ensalada del huerto
Gardener	Hortelano (horticultor)
Gardening (horticulture)	Horticultura
Gari (pickled ginger)	Gari (jengibre encurtido)
Garland tomato	Tomate de colgar
Garlic	Ajo
Garlic and parsley potatoes	Patatas con ajo y perejil
Garlic bulb	Cabeza de ajos
Garlic chive	Cebollín chino
Garlic confit	Ajos confitados
Garlic flakes	Copos de ajo
Garlic grater	Rasca ajos
Garlic peeler	Pelador de ajos
Garlic scape	Escapo de ajo
Garlic shoots (young garlic, green garlic)	Ajos tiernos (ajetes)
Garlic soup	Sopa de ajo
Genetically modified soybean	Soja transgénica
Germination	Germinación
Ginger	Jengibre
Glazed baby onions	Cebollitas glaseadas
Glazed carrots	Zanahorias glaseadas
Glazed shallots	Chalotas glaseadas
Glazed tubers	Tubérculos glaseados
Gordal olives (large olives)	Gordal (aceitunas grandes)
Grape tomato	Tomate uva

Grated tomato	Tomate rallado
Grated truffle	Trufa rallada
Gratin dauphinoise	Gratén delfinés (gratín dauphinois)
Gratinated asparagus	Espárragos gratinados
Gratinated aubergines	Berenjenas gratinadas
Gratinated Belgian endives	Endibias gratinadas
Gratinated cardoons	Cardos gratinados
Gratinated cauliflower	Coliflor gratinada
Gratinated leeks	Puerros gratinados
Gratinated onions	Cebollas gratinadas
Gratinated potatoes	Patatas al gratén
Gratinated spinach	Espinacas gratinadas
Green asparagus	Espárragos verdes
Green asparagus tips	Puntas de espárragos verdes
Green beans	Judías verdes (judías tiernas, vainas)
Green cauliflower	Coliflor verde
Green garlic (wild leek)	Ajetes (ajos tiernos)
Green lentils	Lentejas verdes
Green onion (spring onion)	Cebolleta
Green peas	Guisantes verdes
Green salad	Ensalada verde
Green sweet pepper	Pimiento verde
Green tomato	Tomate verde
Green vegetable (leafy vegetable)	Hortaliza (verdura de hoja verde)
Greengrocer	Verdulero/a
Greengrocer's (produce shop)	Verdulería
Greenhouse (hothouse)	Invernadero (invernáculo)
Grey knight (dirty tricholoma)	Negrillas (setas)
Grey peas	Guisantes grises
Grey peas with bacon	Guisantes grises con tocino
Grilled champignon mushrooms	Champiñones a la plancha
Grilled corn on the cob	Mazorca a la parrilla
Grilled green asparagus	Espárragos verdes a la plancha

Grilled mushrooms	Setas a la parrilla
Grilled oyster mushrooms	Setas de ostra a la plancha
Grilled shiitake mushrooms	Setas shiitake a la plancha
Grilled vegetables	Verdura a la plancha
Ground garlic	Ajo molido
Gurumelo (brown mushroom)	Gurumelo (amanita ponderosa)

H

Hasselback potatoes	Patatas Hasselback (a la Hasselbacken)
Head of celery	Cabeza de apio
Heirloom tomatoes	Tomates reliquia (tomates de herencia)
Heirloom varieties (heirloom vegetables)	Variedades tradicionales (cultivos tradicionales)
Hijiki (Japanese dark brown seaweed)	Hijiki (alga japonesa de color marrón)
Horn of plenty (trumpeter mushrooms)	Trompetas de la muerte
Horseradish	Raifort (rábano picante)
Horticultural industry	Sector hortofrutícola
Horticultural products	Productos hortofrutícolas
Horticulture (vegetable farming)	Horticultura
Hothouse vegetables	Verduras de invernadero
Huitlacoche (corn smut)	Huitlacoche (cuitlacoche)
Hummus (mashed chickpea cream)	Hummus (crema de puré de garbanzos)
Hummus shake	Batido de hummus

I

Iceberg lettuce	Lechuga iceberg
Irish moss (red algae)	Musgo de Irlanda (alga roja)
Ivy gourd (scarlet gourd, tindora)	Calabaza hiedra (tindora)

J

Japanese leek	Puerro japonés
Jerusalem artichoke (topinambour)	Alcachofa de Jerusalén (tupinambo, pataca)
Jicama (Mexican turnip)	Jicama (nabo mexicano, pelenga)
Julienne (julienned)	Juliana (cortado en juliana)
Julienne soup	Sopa juliana
Julienned vegetables	Juliana de verduras
Jumbo asparagus	Espárragos gigantes

K

Kabocha squash (Japanese pumpkin)	Calabaza kabocha (calabaza japonesa)
Kabu turnip (Japanese turnip)	Nabo Kabu (nabo japonés)
Kale	Col verde
Kalette (R) (hybrid plant between kale and Brussels sprouts)	Kalette (R) (híbrido de col verde (kale) y col de Bruselas)
Kelp (large seaweed)	Kelp (alga marina grande)
Kennebec potatoes	Patatas Kennebec
Kidney beans	Frijoles rojos (porotos rojos)
Kimchi (Korean fermented cabbage)	Kimchi (col fermentada coreana)
Kitchen garden (orchard, back garden)	Huerto
Kohlrabi (turnip-cabbage)	Colinabo (colirrábano, nabicol)
Kombu seaweed	Alga kombu
Konjac (devil's tongue)	Konjac (lengua del diablo)
Kumato (black tomato)	Kumato (tomate negro)

L

Lake seaweed	Alga de lago
Lamb's lettuce (corn salad, mâche)	Canónigos
Laminaria (a type of seaweed)	Laminaria (tipo de alga)
Large beans	Judiones
Lautrec pink garlic	Ajo rosa de Lautrec
Leaf/leaves	Hoja/s
Leaf vegetables (leafy greens)	Verduras de hoja
Leek	Puerro
Leek pie	Pastel de puerros
Leek stalk	Tallo de puerro
Leeks in vinaigrette	Puerros a la vinagreta
Legume pasta	Pasta de legumbres
Legumes (pulses, pod vegetables)	Legumbres
Leguminous (legume family)	Leguminosas
Lemon cucumber	Pepino limón
Lentil	Lenteja
Lentil sprouts	Lentejas germinadas
Lentil stew	Potaje de lentejas
Lentils with bacon	Lentejas con tocino
Lentils with rice	Lentejas con arroz
LePuy lentils (French green lentils)	Lentejas de Puy (lentejas verdes de Puy)
Lettuce	Lechuga
Lettuce heart	Cogollo
Lettuce hearts with anchovies	Cogollos con anchoas
Lettuce hearts with salmon	Cogollos con salmón
Lettuce hearts with tuna	Cogollos con atún
Lichen	Liquen
Limp lettuce	Lechuga mustia

Little gem lettuce	Lechuga little gem
Lollo rosso (red coral lettuce)	Lollo rosso (lechuga de hoja roja)
Long purple eggplant	Berenjena larga púrpura (long purple)
Lotus	Loto
Lotus root	Raíz de loto
Lupin beans	Chochos (altramuces)
Lycopene (carotenoid)	Licopeno (carotenoide)

M

Main rib	Penca (nervio principal de una hoja)
Malanga (taro, arum root)	Malanga (taro, tubérculo de la malanga)
Mangetout (sugar peas, snow peas)	Tirabeques
Manzanilla olives	Manzanillas (olivas)
Marinated vegetables	Verduras marinadas
Mashed cabbage	Col trinchada
Mashed potatoes	Puré de patata
Menestra (boiled vegetable stew)	Menestra (menestra de verduras)
Mesclun salad	Ensalada mesclun
Micro vegetables	Microvegetales
Microalgae (microphytes)	Microalgas
Microgreens	Microgreens (germinados)
Milkcap mushroom	Níscalo (mízcalo, robellón)
Minted peas	Guisantes a la menta
Mitoyo eggplant	Berenjena Mitoyo
Mixed fried vegetables	Fritura de verduras
Mixed grilled vegetables	Parrillada de verduras
Mixed pickles (vegetables in vinegar)	Encurtidos (verduras en vinagre)
Monalisa potatoes	Patatas Monalisa
Morel (morel mushroom)	Colmenilla (múrgula, morilla, cagarria)
Morels in truffle cream sauce	Colmenillas a la crema de trufas
Morels with foie-gras sauce	Colmenillas con salsa de foie gras
Moss	Musgo
Multi-coloured carrots	Zanahorias de diferentes colores
Mung bean (moong bean)	Poroto chino (poroto mung, soja verde)
Mushroom	Seta (hongo)
Mushroom caps	Sombreros de setas
Mushroom curry	Curry de setas

Mushroom hunter (mushroom picker)	Setero/a (recolector/a de setas)
Mushroom omelette	Tortilla de setas
Mushroom pie	Pastel de setas
Mushroom salad	Ensalada de setas
Mushroom soufflé	Soufflé de setas
Mushrooms sautéed with garlic	Setas salteadas al ajillo
Mustard greens	Hojas de mostaza

N

Nakiri (Japanese knife for cutting vegetables)	Nakiri (cuchillo japonés para cortar verduras)
Napa cabbage	Repollo de Napa
New potatoes	Patatas tempranas (patatas nuevas)
Noisette potatoes	Patatas noisette (patatas avellana)
Nori (edible seaweed)	Nori (algas marinas comestibles)
Nori seaweed	Alga nori

O

Oakleaf lettuce	Lechuga hoja de roble
Okara (soy pulp, tofu dregs)	Okara (pulpa de soja)
Okra (ochro, gumbo, ladies' fingers)	Okra (gombo, quimbombó, angú)
Onion	Cebolla
Onion confit	Cebolla confitada
Onion pie	Tarta de cebolla
Onion skin	Piel de cebolla
Onion slices	Rodajas de cebolla
Onion soup	Sopa de cebolla
Onioned (cooked with onions)	Encebollado/a
Onions in white wine	Cebollas al vino blanco
Orange cauliflower	Coliflor naranja
Orange pepper	Pimiento naranja
Orange tomato	Tomate naranja
Organic agriculture (organic farming)	Agricultura ecológica
Organic vegetables	Verduras ecológicas
Oven-cooked peas	Guisantes al horno
Oven-roasted artichokes	Alcachofas asadas al horno
Oven-roasted Brussels sprouts	Coles de Bruselas asadas al horno
Overripe (soft, rotten)	Pocho/a (podrido/a o demasiado maduro/a)
Oxheart tomato (beef tomato)	Tomate corazón de buey
Oyster mushrooms	Setas de ostra (gírgolas)

P

Pak choi (bok choy, Chinese cabbage)	Pak choi (bok choy, col china)
Paring knife	Cuchillo para pelar verdura (puntilla)
Parisienne potatoes	Patatas parisien (a la parisina)
Parsley potatoes	Patatas al perejil
Parsnip	Chirivía (pastinaca, apio de campo)
Pattypan squash	Calabaza bonetera (calabaza pattypan)
Pea (green pea)	Guisante (arveja, chícharo)
Pea sprouts (pea shoots)	Brotes de guisantes
Peapod	Vaina de guisante
Pear tomato	Tomate pera
Pearl onions	Cebollitas perla
Peas (green peas)	Arvejas (guisantes)
Peas with ham	Guisantes con jamón
Peel (zest, shell)	Monda (mondadura, cáscara)
Peeled tomato	Tomate pelado
Pepper (bell-pepper, capsicum)	Pimiento
Persian cucumber	Pepino persa
Phytonutrients	Fitonutrientes
Phytoplankton	Fitoplancton
Pickled	Encurtido/a (en vinagre)
Pickled beetroot	Remolacha en vinagre
Pickled onions	Cebollitas en vinagre
Pickled vegetables	Verduras encurtidas
Pickles	Encurtidos
Pink beans	Habichuelas rosadas
Pink garlic	Ajo rosa (ajo rosado)
Pinto bean	Frijol pinto
Piperade (garnish made with peppers	Piperrada (guarnición a base de

and other vegetables)	pimientos y otras verduras)
Piquillo red peppers	Pimientos del Piquillo
Pisto (deep-fried diced vegetables)	Pisto (fritada de verduras)
Plankton	Plancton
Plum tomato	Tomate ciruela
Pod (husk, shell)	Vaina
Pointed peppers	Pimientos puntiagudos (pimientos alargados)
Poisonous mushrooms	Setas venenosas
Pommes allumettes (shoestring potatoes)	Patatas cerilla
Porcini mushroom carpaccio	Carpaccio de hongos
Portobello mushroom	Champiñón portobello
Potato	Patata (papa)
Potato purée	Puré de patata
Potato and onion omelette	Tortilla de patata y cebolla
Potato confit	Patatas confitadas
Potato cream	Crema de patatas
Potato croquettes	Croquetas de patata
Potato cutter	Cortador de patatas
Potato field	Patatal
Potato foam	Espuma de patata
Potato fritters	Buñuelos de patata
Potato gnocchi (potato dumplings)	Ñoquis de patatas
Potato gratin	Gratén de patatas
Potato masher	Pasapurés
Potato nest	Nido de patatas
Potato omelette	Tortilla de patatas
Potato peeler	Mondador de patatas (pelapatatas)
Potato pie	Pastel de patatas
Potato plant	Patatera
Potato press (potato ricer)	Prensador de patatas (prensapatatas)
Potato pudding	Budín de patatas
Potato purée (mashed potatoes)	Puré de patata
Potato rösti	Rösti de patata

Potato salad	Ensalada de patata
Potato shop	Patatería
Potato soup	Sopa de patatas
Potato starch	Almidón de patata (fécula de patata)
Potato stew	Estofado de patatas
Potato straws (straw potatoes)	Patatas paja
Potato tubes (potato cannoli)	Tubos de patata
Potatoes cut into chunks	Patatas chascadas (patatas cascadas)
Potatoes in hot sauce	Patatas bravas
Potatoes stuffed with meat	Patatas rellenas de carne
Potatoes stuffed with seafood	Patatas rellenas de marisco
Potatoes with aioli sauce	Patatas con alioli
Potatoes with Roquefort cheese	Patatas al roquefort
Produce company	Empresa hortofrutícola
Pulse (legume, vegetable)	Legumbre
Pulse flour	Harina de legumbres
Pulse salad	Ensalada de legumbres
Pumpkin (squash, gourd)	Calabaza (zapallo, ayote)
Purple asparagus	Espárragos violetas
Purple aubergine	Berenjena púrpura
Purple beans	Judías violetas
Purple cabbage (red cabbage)	Col lombarda (repollo morado, col morada)
Purple cabbage sprouts	Brotes de lombarda
Purple carrot	Zanahoria morada
Purple cauliflower	Coliflor morada
Purple garlic	Ajo morado
Purple kohlrabi	Colinabo morado
Purple pepper	Pimiento morado (pimiento púrpura)
Purple potato (violet potato, vitelotte)	Patata morada (patata violeta, vitelotte)
Purple sweet potato	Boniato morado
Purple tomato	Tomate morado
Purslane	Verdolaga

R

Radicchio (red chicory) — Radicchio (achicoria roja)

Radish — Rábano

Rainbow chard — Acelgas de colores

Rajas (roasted chile peppers cut into strips) — Rajas (chiles asados y cortados en tiras)

Ratatouille (fried onions, courgettes, garlic, tomatoes, aubergines, and peppers) — Ratatouille (ratatulla, fritura de cebolla, calabacín, tomate, ajo, pimiento y berenjena)

Ratte potatoes (Asparges) — Patatas ratte (Asparges)

Raw food — Alimentación cruda

Raw foodism (raw food diet) — Crudismo (alimentación crudista)

Raw veganism — Crudiveganismo

Raw vegetables — Hortalizas crudas

Red algae — Algas rojas

Red beans (scarlet runner beans) — Judías pintas (alubias rojas)

Red beans with bacon — Judías pintas con tocino

Red beans with clams — Judías pintas con almejas

Red beans with rice — Judías pintas con arroz

Red beet (beetroot) — Remolacha roja (betabel)

Red bell pepper — Pimiento rojo

Red cabbage (red kraut, purple cabbage) — Col lombarda (col morada, repollo morado)

Red cabbage sprouts — Germinado de col lombarda

Red chicory (radicchio) — Achicoria roja (radicchio)

Red coral lettuce (lollo rosso) — Lechuga de hoja roja (lollo rosso)

Red kidney beans — Habichuclas rojas (frijoles rojos)

Red lentils — Lentejas rojas

Red mung bean (adzuki or azuki bean) — Soja roja (judía, fríjol adzuki, azuki)

Red onion — Cebolla morada

Red potatoes — Patatas rojas

Red romaine — Lechuga romana roja

Red sweet pepper (red bell pepper)	Pimiento rojo
Red Swiss chard	Acelga roja
Red tomato	Tomate rojo
Refried beans	Frijoles refritos
Reindeer lichen (reindeer moss)	Liquen de los renos
Rhizome	Rizoma
Rhubarb	Ruibarbo
Rhubarb stalks	Tallos de ruibarbo
Roast cauliflower	Coliflor al horno
Roast potatoes	Patatas asadas
Roasted carrots with honey	Zanahorias asadas con miel
Roasted garlic	Ajos fritos
Roasted okra	Okra asada
Roasted onions	Cebollas asadas
Roasted peppers	Pimientos asados
Roasted pumpkin	Calabaza asada
Roasted seaweed	Algas asadas
Roasted vegetables	Verduras asadas
Rocket salad (arugula)	Rúcula
Roma tomato (pear tomato)	Tomate italiano
Romaine lettuce (cos lettuce)	Lechuga romana (cos)
Romaine lettuce heart	Cogollo de lechuga romana
Romanesco broccoli (Roman cauliflower)	Romanescu (brécol romanesco)
Root	Raíz
Root vegetables	Verduras de raíz (raíces alimenticias)
Round courgette (globe squash)	Zapallito (calabacín redondo)
Round courgettes stuffed with tuna	Zapallitos rellenos de atún
Runner bean (green bean)	Chaucha (ejote, judía verde)
Russet potatoes (Idaho potatoes)	Patatas Russet
Russian salad (diced potatoes and carrots, peas, tuna and mayonnaise)	Ensaladilla rusa (daditos de patata y zanahoria, guisantes, atún y mayonesa)
Rutabaga (swede)	Rutabaga (naba, nabicol)

S

Saint-Germain (dish with peas)	Saint-Germain (plato con guisantes)
Salsifies with champignon mushrooms	Salsifís con champiñones
Salsify	Salsifí
Sauerkraut (pickled cabbage)	Chucruta (col fermentada, choucroute)
Sauté potatoes	Patatas salteadas
Sautéed broad beans	Habas salteadas
Sautéed Brussels sprouts	Coles de Bruselas salteadas
Sautéed champignon mushrooms	Champiñones salteados
Sautéed courgettes	Calabacines salteados
Sautéed fennel	Hinojo salteado
Sautéed French beans	Judías verdes salteadas
Sautéed morels	Colmenillas salteadas
Sautéed mushrooms	Setas salteadas
Sautéed oyster mushrooms	Setas de ostra salteadas
Sautéed peas	Guisantes salteados
Sautéed Swiss chard	Acelgas salteadas
Sautéed vegetables	Verdura salteada
Sautéed white beans	Alubias salteadas
Sautéed wild mushrooms	Salteado de setas
Savoy cabbage	Col de Saboya (berza de Saboya)
Scape (green stalk)	Escapo (tallo bohordo)
Scarlet runner beans	Judía escarlata (judía pinta)
Sea fennel	Hinojo marino
Sea lettuce	Lechuga de mar
Seasonal baby vegetables	Verduritas de temporada
Seasonal mushrooms	Setas de temporada
Seasonal vegetables	Verdura del tiempo
Seaweed (algae)	Algas marinas

Seaweed burger (weedburger)	Hamburguesa de algas
Seaweed farming	Cultivo de algas marinas
Seaweed soup	Sopa de algas de mar
Seedless cucumber	Pepino sin semillas
Shallot	Escalonia (escaluña, chalota)
Shallot confit	Chalotas confitadas
Shelled legumes (shelled pulses)	Legumbres sin cáscara
Shiitake (Japanese mushroom)	Shiitake (seta japonesa)
Shoestring potatoes (pommes allumettes)	Patatas cerilla
Shoot (sprout)	Retoño (brote)
Shredded carrot (grated carrot)	Zanahoria rallada
Silver beet (chard, Swiss chard)	Acelga
Sliced champignon mushrooms	Champiñones laminados
Sliced garlic	Ajo laminado
Sliced tomato	Tomate en rodajas
Sliced truffles	Trufas laminadas
Slimy mushrooms	Setas babosas
Small green verdina beans	Verdinas (alubias verdinas)
Snack tomato	Tomate snack
Soaked beans	Alubias en remojo
Sorrel	Acedera
Sorrel soup	Sopa de acedera
Souffléed potatoes	Patatas soufflées (patatas huecas)
Soy (soya, soybean)	Soja (soya)
Spanish potato (sweet potato)	Boniato (batata, moniato)
Spinach	Espinacas
Spinach crepe	Crep de espinacas
Spinach croquettes	Croquetas de espinacas
Spinach pie	Empanada de espinacas
Spinach pudding	Budín de espinacas
Spinach salad	Ensalada de espinacas
Spinach tartlets	Tartaletas de espinacas
Spinach turnovers	Empanadillas de espinacas

Spinach with béchamel sauce	Espinacas con bechamel
Spinach with cheese	Espinacas al queso
Spinach with clams	Espinacas con almejas
Spinach with ham	Espinacas con jamón
Spinach with pine nuts and raisins	Espinacas con pasas y piñones
Spinach with prawns	Espinacas con gambas
Spiral potato cutter	Cortador de patatas en espiral
Spring mushrooms	Setas de primavera
Spring onion (scallion, green onion)	Cebolleta
Spring rolls	Rollitos de primavera
Spring vegetables	Verduras primaverales
Sprouts	Germinados (brotes)
Squash (courgette, zucchini)	Calabacín (zapallito)
Squash blossoms (zucchini blossoms)	Flores de calabacín
Squash blossom fritters	Buñuelos de flores de calabacín
St. George's mushrooms (springtime mushrooms)	Setas de San Jorge (setas de primavera, zizas, perrechicos)
Stalk (stem)	Tallo (de verduras)
Steamed broccoli	Brócoli al vapor
Steamed potatoes	Patatas al vapor
Steamed vegetables	Verdura al vapor
Stem (stalk, heart of vegetables)	Rabo, (troncho, tallo de las hortalizas)
Stewed broad beans	Habas estofadas
Stewed carrots	Zanahorias estofadas
Stewed chickpeas	Garbanzos estofados
Stewed lentils	Lentejas estofadas
Stewed peas	Guisantes estofados
Stewed potatoes	Patatas guisadas
Stewed watercress	Berros guisados
Stewed white beans	Alubias estofadas
String of garlic	Ristra de ajos
String of onions	Ristra de cebollas
Stuffed artichokes	Alcachofas rellenas

Stuffed aubergines	Berenjenas rellenas
Stuffed bell-peppers	Pimientos rellenos
Stuffed cabbage	Col rellena
Stuffed cabbage rolls	Popietas de col rellenas
Stuffed celery	Apio relleno
Stuffed champignon mushrooms	Champiñones rellenos
Stuffed cherry tomatoes	Tomates cherry rellenos
Stuffed courgettes	Calabacines rellenos
Stuffed leeks	Puerros rellenos
Stuffed lettuces	Lechugas rellenas
Stuffed mushroom caps	Sombreros de setas rellenos
Stuffed onions	Cebollas rellenas
Stuffed Piquillo red peppers	Pimientos del Piquillo rellenos
Stuffed potatoes	Patatas rellenas
Stuffed red bell pepper	Pimiento rojo relleno
Stuffed round courgettes	Zapallitos rellenos
Stuffed squash blossoms	Flores de calabacín rellenas
Stuffed tomatoes	Tomates rellenos
Stuffed white cabbage	Repollo relleno
Subsistence agriculture	Agricultura de subsistencia
Sugar beet	Remolacha azucarera
Sugar kombu	Kombu de azúcar
Sugar peas (snow peas, snap peas)	Guisantes mollares (tirabeques)
Summer mushrooms	Setas de verano
Summer truffle	Trufa de verano
Summer pumpkin	Calabaza de verano
Sun-dried tomato	Tomate deshidratado (tomate seco)
Surprise potatoes	Patatas sorpresa
Swede (rutabaga)	Nabicol (rutabaga, nabo sueco)
Swedish turnip	Nabo sueco
Sweet garlic	Ajo dulce
Sweet onion	Cebolla dulce
Sweet pea	Guisante de olor (arvejilla, arveja dulce)

Sweet pepper (bell pepper)	Pimiento dulce (pimiento morrón)
Sweet potato (Spanish potato)	Boniato (batata, moniato, camote)
Swiss chard (chard, silver beet)	Acelga
Swiss chard ribs	Pencas de acelga (tallos de acelga)
Swiss chard stalks	Tallos de acelga (pencas de acelga)
Swiss chard with béchamel sauce	Acelgas con bechamel
Swiss chard with chickpeas	Acelgas con garbanzos
Swiss chard with raisins and pine nuts	Acelgas con pasas y piñones

T

Tango lettuce	Lechuga tango
Taro	Taro (malanga)
Taro root	Raíz de taro
Tartiflette (reblochon cheese, potatoes, onions and bacon)	Tartiflette (queso reblochon, patatas, cebollas y bacon)
Tatsoi (Chinese cabbage)	Tatsoi (col china, col mostaza)
Tatties (taters, potatoes)	Papas (patatas)
Tear peas	Guisantes de lágrima
Tempeh (fermented soybean product)	Tempeh (producto hecho con soja fermentada)
Tenderstem (broccolini)	Bimi (híbrido de brócoli i col Kai-lan)
Textured soya	Soja texturizada
Thistle (cardoon)	Cardo
To cook in ashes	Escalivar (asar al rescoldo)
To cut potatoes into chunks	Chascar (cascar) las patatas
To farm (to cultivate, to grow)	Cultivar
To germinate (to sprout)	Germinar (brotar)
To grow potatoes	Cultivar patatas
To husk (to shuck)	Descascarar (desvainar, pelar)
To pickle (to preserve in vinegar)	Encurtir (conservar en vinagre)
To truffle	Trufar
Today's vegetables	Verdura del día
Tomatillo (Mexican husk tomato)	Tomatillo (miltomate, tomate de cáscara)
Tomato	Tomate (jitomate)
Tomato carpaccio	Carpaccio de tomate
Tomato chutney	Chutney de tomate
Tomato compote	Compota de tomate
Tomato concasse	Concassé de tomate
Tomato concentrate	Concentrado de tomate

Tomato confit	Tomate confitado
Tomato confiture	Confitura de tomate
Tomato cultivars	Variedades de tomate
Tomato salad	Ensalada de tomate
Topinambour (Jerusalem artichoke)	Tupinambo (aguaturma, pataca)
Trocadero lettuce (butterhead lettuce)	Trocadero (lechuga francesa)
Truffle (tuber melanosporum)	Trufa (tuber melanosporum, criadillas de tierra)
Truffle farmer	Truficultor
Truffle farming	Truficultura
Truffle oil	Aceite de trufa
Truffle slices	Láminas de trufas
Truffled	Trufado/a
Truffled potatoes	Patatas trufadas
Truffles cooked in hot ashes	Trufas asadas en las cenizas
Trumpeter mushroom (horn of plenty)	Trompeta de la muerte
Tsukemono (pickled vegetables)	Tsukemono (vegetales encurtidos)
Tuber	Tubérculo
Tuber chips	Chips de tubérculos
Turned carrots	Zanahorias torneadas
Turned potatoes	Patatas torneadas
Turnip	Nabo
Turnip greens	Grelo
Turnip greens with potatoes	Grelos con patatas

U

Usuba (Japanese knife for cutting vegetables)

Usuba (cuchillo japonés para cortar verduras)

V

Vegan	Vegano/a
Vegan burger	Hamburguesa vegana
Vegan crepe	Crep vegana
Vegan recipes	Recetas veganas
Vegan restaurant	Restaurante vegano
Vegan tripe (mushrooms with chickpeas)	Callos veganos (setas con garbanzos)
Veganism	Veganismo
Vegetable	Verdura (vegetal)
Vegetable bouquet	Bouquet de verduras
Vegetable brush	Cepillo para verduras
Vegetable chop suey	Chop suey de verduras
Vegetable corer	Vaciador de verduras
Vegetable couscous	Cuscús de verduras
Vegetable curry (veggie curry)	Curry de verduras
Vegetable cutter	Cortaverduras (cortador de verduras)
Vegetable farming (horticulture)	Horticultura
Vegetable fibre	Fibra vegetal
Vegetable knife (greens knife)	Cuchillo para verduras
Vegetable milk	Leche vegetal (bebida vegetal)
Vegetable omelette	Tortilla de verduras
Vegetable panaché (mixed vegetables)	Panaché de verduras
Vegetable pie	Pastel de verduras
Vegetable pizza	Pizza vegetal
Vegetable pudding	Pudin de verduras
Vegetable skewer	Brocheta de verduras
Vegetable soup	Sopa de verduras
Vegetable spaghetti (veggie noodles)	Espaguetis vegetales
Vegetable spiralizer	Espiralizador de verduras

Vegetable stock	Caldo de verduras
Vegetable stock cube	Pastilla de caldo de verduras
Vegetable tempura	Tempura de verduras
Vegetables (greens)	Verdura
Vegetarian	Vegetariano/a
Vegetarian restaurant	Restaurante vegetariano
Vegetarian sandwich	Sándwich vegetariano
Vegetarianism	Vegetarianismo
Veggie burger (vegeburger)	Hamburguesa vegetal (vegetariana)
Veggie noodles	Fideos de vegetales
Vietnamese nems (spring rolls)	Nems (rollitos) vietnamitas
Vine cherry tomatoes	Tomates cherry en rama
Vine-ripened tomato (vine tomato)	Tomate en rama
Violet potato (purple potato, vitelotte)	Patata violeta (vitelotte)
Vitelotte (violet potato)	Vitelotte (patata violeta)

W

Waffle fries (pommes gaufrette)	Patatas rejilla (patatas gaufrette)
Wakame (edible seaweed)	Wakame (alga comestible)
Wakame seaweed	Alga wakame
Wasabi (Japanese horseradish)	Wasabi (rábano japonés)
Watercress (cress)	Berro
Watercress salad	Ensalada de berros
Wax beans	Judías mantequeras (judías de cera)
Waxy potatoes	Patatas céreas (firmes, no harinosas)
White asparagus	Espárragos blancos
White aubergine	Berenjena blanca
White bean (haricot bean)	Alubia (judía blanca, judía seca, pocha)
White beans with clams	Pochas con almejas
White beet	Remolacha blanca
White cabbage	Repollo (col repollo, repollo blanco)
White cabbage with mayonnaise	Repollo con mayonesa
White cauliflower	Coliflor blanca
White chickpeas	Garbanzos blancos
White garlic	Ajo blanco
White onion	Cebolla blanca
White potatoes	Patatas blancas
White radish	Rábano blanco
White turnip	Nabo blanco
White truffle	Trufa blanca
Whole champignon mushrooms	Champiñones enteros
Wild asparagus	Espárragos trigueros (espárragos silvestres)
Wild cabbage	Col salvaje
Wild carrot	Zanahoria silvestre
Wild chicory	Achicoria amarga (achicoria silvestre)

Wild fennel	Hinojo silvestre
Wild garlic	Ajo silvestre
Wild leek	Puerro silvestre (ajipuerro, ajete)
Wild mushrooms	Setas silvestres
Wild radish	Rabanillo
Winter mushrooms	Setas de invierno
Winter squash	Calabaza de invierno
Winter truffle	Trufa de invierno
Winter vegetables	Verduras de invierno
Wood blewit (Lepista nuda)	Seta de pie azul (Lepista nuda)
Wood-roasted peppers	Pimientos asados a la leña
Wrinkly potatoes	Papas arrugadas

Y

Yam	Ñame
Yam salad	Ensalada de ñame
Yellow beet (golden beetroot)	Remolacha amarilla
Yellow cauliflower	Coliflor amarilla
Yellow foot chanterelle	Angula de monte
Yellow foot mushroom	Trompeta amarilla (angula de monte)
Yellow lentils	Lentejas amarillas
Yellow onion	Cebolla amarilla
Yellow pepper	Pimiento amarillo
Yellow potatoes	Patatas amarillas
Yellow pumpkin	Calabaza amarilla
Yellow tomato	Tomate amarillo
Young garlic (green garlic, garlic shoots)	Ajos tiernos (ajetes)
Young onion (spring onion)	Cebolla tierna (cebolleta, cebollón)
Yucca	Yuca
Yucca chips	Chips de yuca

Z

Zoodles (zucchini noodles)	Zoodles (fideos de calabacín)
Zucchini (squash, courgette)	Calabacín (zapallito)
Zucchini flowers (squash blossoms)	Flores de calabacín